SELECTED CASES OF MASTER OF SOCIAL WORK

CHINA WOMEN'S UNIVERSITY

中华女子学院
社会工作硕士专业学位

课程案例选编

中华女子学院
MSW教育中心 ◎主编

中国法制出版社
CHINA LEGAL PUBLISHING HOUSE

图书在版编目（CIP）数据

中华女子学院社会工作硕士专业学位课程案例选编 / 中华女子学院MSW教育中心主编 . —北京：中国法制出版社，2020.6

ISBN 978-7-5216-1135-9

Ⅰ . ①中…　Ⅱ . ①中…　Ⅲ . ①社会工作—案例—汇编—中国　Ⅳ . ① D632

中国版本图书馆 CIP 数据核字（2020）第 095674 号

责任编辑：朱丹颖（ss-nuannuan@hotmail.com）　　封面设计：杨鑫宇

中华女子学院社会工作硕士专业学位课程案例选编

ZHONGHUA NÜZI XUEYUAN SHEHUI GONGZUO SHUOSHI ZHUANYE XUEWEI KECHENG ANLI XUANBIAN

主编 / 中华女子学院 MSW 教育中心

经销 / 新华书店

印刷 / 北京京华虎彩印刷有限公司

开本 / 710 毫米 ×1000 毫米　16 开　　印张 / 11.25　字数 / 189 千

版次 / 2020 年 6 月第 1 版　　2020 年 6 月第 1 次印刷

中国法制出版社出版

书号 ISBN 978-7-5216-1135-9　　定价：50.00 元

北京西单横二条 2 号　邮政编码 100031　　传真：010-66031119

网址：http://www.zgfzs.com　　**编辑部电话：010-66067369**

市场营销部电话：010-66033393　　**邮购部电话：010-66033288**

（如有印装质量问题，请与本社印务部联系调换。电话：010-66032926）

目录

CONTENTS

社区社会资本重构

——北京市Y社区的“农转居”社区工作

李　敏　周萍萍

一、课程基本信息

（一）教学目标

通过本课程学习，使学生了解社区及社区工作；理解社区服务、社区治理、社区营造及社区发展的内涵；掌握社区服务、社区治理与社区营造的理论和方法；了解社区服务、社区治理与社区营造的内容；培养学生服务社区的意识和社区发展的理念，训练学生从事社区服务、社区治理、社区营造的能力，学会运用社区服务、社区治理、社区营造的方法解决社区问题，提高社区居民生活福祉和促进社会协调发展。

本案例在了解北京市“农转居”Y社区社会资本现状基础上，运用地区发展模式提出介入策略与介入路径。

（二）教学主题

社区发展、社区治理等。

（三）教学内容

地区发展模式、社区社会资本。

（四）教学对象

社会工作专业硕士以及社会工作本科生高年级学习阶段使用。

二、案例主体

（一）案例背景

在党的十八届三中全会上，党和国家领导人提出要推进国家治理体系建设，社区治理作为社会治理的重要组成部分不断成为人们关注的热点话题之一。为了实现我国社区治理的民主性、和谐性和自治性等目标，社区治理更强调主体的多元性，并追求社区主体之间能够通过互动表达自己的需要，并积极调整行为，以形成新型的互助合作、平等的自主性互动关系。“农转居”社区是现代城市社会的重要组成部分，也是社会治理的重要载体。但这一特殊社区类型的出现遗留了很多社会问题。因为相较于商品房社区和单位型社区而言，一方面，“农转居”的农民需要转变生活方式以适应社区生活，所以更容易出现因生活理念不同而难以融入、失去土地后就业困难等问题；另一方面，“农转居”社区在社区建设中经验不足、社区管理和服务难以满足居民需求等问题急需解决。因此，社区治理中社会资本不断成为一个关注的话题，很多学者将其作为研究社区发展的一个视角。社区社会资本能够促进社区融合与发展，社区发展需要社区居民之间形成互动支持的网络、信任和互惠规范，以使社区居民具有较高的责任和义务感、认同感和归属感，这不仅是社区治理的目标，也是实现社区自治的有效手段。因此，培育社区社会资本是社区治理的重要任务之一。

截至2014年年底，我国共有北京、上海、重庆、广州、天津、深圳、武汉7个常住人口超过1000万的超大城市。费孝通提出，中国传统社会是一个熟人社会，其特点是人与人之间有着一种私人关系，构成一张张关系网，背景和关系是熟人社会的典型话语（费孝通，1998）。在社会转型和社会重建背景下，人们生活的世界逐渐由熟人社会转至半熟人社会再过渡到如今的生人社会。当前邻里关系陌生、社区关系冷漠、社区成员原子化导致社区公共生活领域发展滞后，社区治理出现诸多问题，而这些问题影响着城市的健康发展，尤其对于人口众多、流动性强的超大城市，问题矛盾就更为突出。

“农转居”社区是社会变迁的产物。20世纪90年代中后期在我国城市化进程中，大城市为了工业、服务业以及交通建设等发展而不断扩建，边远农村土地被政府征用，房子拆迁，农民由传统的“村集体制”向居民的“社区体制”转型

（单成刚，2009）。“农转居”社区是农民搬迁上楼而形成的新人口聚集的生活共同体，社区居民原本生活在彼此相熟、守望相助的村落熟人社区。但伴随社会变迁，他们从一个相对封闭熟悉的农村社区急速转型为一个开放陌生的城市社区，对社区居民的生活方式、经济结构以及社会文化等都产生了很大冲击。

尤其近年来，大量外来人口的不断流入，“农转居”社区居民层次差异逐渐增大，居民文化水平、生活习惯和生活质量存在较大差异。而且由于高楼的阻隔，社区居民之间交往日益减少，居民之间逐渐变得陌生，居民之间缺乏信任，对社区的归属感也日益减弱。如何在尊重法律和契约精神的基础上，重拾传统社区共同体中的互信、互惠和守望相助的邻里文化，在超大城市生人社会中发展出现代社区的交往规则和社区文化，重构熟人社区，是推进基层社会治理以及和谐社区建设的难点所在。社区建设实质在于培育社区社会资本，营造社会生活共同体（王若珺，2009）。邻里居民间的人际关系网络和社会信任（邻里社会资本）有助于增进社区集体福利，邻里社会资本形成的过程推进了社区的合作治理能力（刘春荣，2007）。

（二）案例描述

“农转居”Y社区位于北京市朝阳区，是2008年奥运会核心区，总面积是0.0765平方公里。社区居民中85%是因为亚运会场馆建设而拆迁的“农转居”人员，社区内居民一部分是原有在社区居住的农民；另一部分是附近村庄因为拆迁而搬过来的农民。搬迁之前的很多农民都属于一个生产大队，彼此十分熟悉。社区共801户，分为10栋楼，居民的文化水平及素质层次较低，超转人员多、民政对象多、社区老龄化程度高。社区实行城市居委会管理模式，经过30多年的时间，社区不断建设和发展，社区内已有社区舞蹈队（共15人）、社区乐民服务队（共13人）、社区乒乓球队（共22人）、社区象棋队（共12人）等组织和队伍。社区内各种硬件设施基本完善，但相对于相邻社区明显落后。

1.社区问题与需求

通过问卷调查发现Y社区存在以下问题与需求：

（1）生活方式转变，邻里关系疏离，缺乏信任

中国传统社会形成的家庭、亲缘关系和地缘关系等先赋性社会关系是农村社会资本的主要形式。随着城镇化进程加快，很多“农转居”社区增多。而“农转

居”的居民搬迁上楼之后，高楼大厦、防盗门的阻隔使社区居民之间来往不便，邻里交往越来越少。而且原有的地缘关系弱化，传统社会关系网络被打破，新的社区网络尚未形成，这些原因更加快邻里社会资本的下降。加之在市场化、现代化等因素的影响和冲击下，原有的地方文化传统不复存在。

农民搬迁上楼后居住方式的转变，导致生活方式也发生变化。社区内的居民大部分都是以前的街坊邻居，邻里之间很熟悉，有些家庭之间还保留传统的人与人之间的“辈分”，彼此见面打招呼。但搬迁上楼后，各家各户都有厚厚的防盗门阻隔，基本上很少存在邻里之间串门聊天以及一些娱乐活动。伴随城镇化进程的加快，邻里间变得更加陌生，导致社区内信任圈不断缩小。数据分析发现，与搬迁前相比，社区邻里亲密关系、居民间信任度都在下降，导致社区网络的不完善和社区信任的缺失，社区居民集体行动能力较弱。

（2）社区参与意愿较高，但是参与度较低

随着“单位制”逐步转变为“社区制”，我国更加重视社区治理，加大政府投入，以社区为单位，帮助社区居民解决问题。社区组织是在社区中自发形成的，也是社区的志愿团体，它不断在社会治理、社会服务中寻找定位，为社区居民提供更多互动沟通和参与社区事务的机会，且在提高社区居民的生活水平和质量上发挥积极作用。

调查资料显示，居民的社区参与度较低，社区网络尚不完善，但居民社区参与的积极性较高，大部分居民表示愿意参与社区志愿服务活动。有些居民表示以前参与过很多社区活动，但近几年社区很少举办；有的居民表示不知道社区举办活动，社区居委会不通知等。通过与社区居委会人员的访谈发现，为了方便，社区居委会人员往往只联系每栋楼的楼门长，并交由各楼门长通知所在栋楼的居民。但楼门长会先通知平常比较积极参与社区活动的居民，因此导致社区居委会组织文体活动的社区宣传力度不足，社区居民的整体参与度不高。通过深入了解发现，在Y社区有舞蹈队、象棋队、乐民服务队、乒乓球队以及秧歌队等社区组织。这些社区组织可以组织有时间、有爱心的居民志愿参加社区活动，但由于很多社区组织与兴趣爱好和特长有关，所以对其他居民形成阻碍。同时，目前Y社区的组织也有待进一步发展。

（3）对流动人口存在排斥心理

费孝通先生在《乡土中国》中提出著名的“差序格局”理论，他把中国传统社会的人际关系形容为“差序格局”，认为在由己到家、由家到国等社会结构是一圈一圈推出去的。在这个次序中，最被看中的是“己”的利益，其次是“家”，最后是他所在范围比较大的团体。Y社区是典型的“农转居”社区，通过调查发现社区中仍存在较强的差序格局，有传统的“大家庭”“家族”观念。但随着社会变革，在社会主义市场经济的自由竞争背景下，人们的观念也在发生变化，社区居民之间逐渐变得陌生和不信任。

近年来，随着城市的快速发展，社区中的流动人口日益增多，导致社区居民间的“陌生”和不信任。通过调查发现，社区内流动人口不断增多，由于不了解这些人的情况，社区居民不愿意和刚搬进来的人交往。大部分居民表示社区内流动人口的流动性较大，有很多外地租房的人，居民之间来不及认识就搬走了。且流动人口从哪里来、什么背景等都未公开，社区原住民更不愿意和他们较深来往。目前，随着网络媒体的迅速发展，很多社会负面信息得到大肆宣传，给人们的“安全”打了一个问号，使社区内的居民为了安全不愿意给陌生人开门，且对人存有很强的戒备心理。因此，社区居民对流动人口的不信任与不来往，也影响街坊邻居间的交往，很多居民选择不再进行串门、聊天或娱乐等活动，而仅仅是在楼下聚集聊天，形成一种居民之间不信任的氛围。在城市社区建设中，如果不能解决居民之间的信任危机，会造成居民间更加陌生，邻里间更加疏远，社区效率必将下降，所以提升社区信任强度是十分重要的任务。

（4）社区制度规范缺失

在现代中国社区中新旧规范并存，社区制度规范处于“失效”状态。在“农转居”社区，乡村原有的规范制度逐渐失去效力，不再约束社区居民的行为。而新的社区规范完全形成还需时日。在调查中，社区几乎所有的居民都同意应该遵守社区的制度规范和参与社区公共事务，但在行为上却不统一。当问及“您家愿不愿意贡献出时间和金钱给社区的公共事务”时，有部分居民表示不愿意。很多居民认同“远亲不如近邻”的说法，认为邻里间应该互帮互助。但当遇到紧急事情时，小区内能互相帮助的邻里少之又少。也有居民表示“不会去找邻居帮忙，都是自己家的事自己管，都是各顾各”。通过对社区居委会人员的访谈发现，社区组织并没有明确的制度规范约束，开展活动和提供服务仅仅有相应的时间表。社区也缺乏统一的社区服务制度、社区公民公约、社区志愿者管理制度等。制度规范是社区发展的前提，只有实现社区治理规范化、程序化和制度化，才能实现社区自治。而社区“农转居”后，社区内还没有形成普遍性的价值规范以及社会主义市场经济发展下以契约、互惠、诚信为主的现代道德规范等的约束和指引，也致使居民的社区归属感和认同感缺乏、邻里之间关系的疏远、社区居民参与社区事务的主动性及普遍性降低，导致社区社会资本严重缺失。

针对上述社区社会资本弱化和缺失的现状，Y社区需在尊重法律和契约精神的基础上，重拾传统社区共同体中的互信、互惠和守望相助的邻里文化，发展出现代社区的交往规则和社区文化，重构熟人社区。

2. 地区发展模式指导下的社区工作目标

本研究的社区工作目标包括任务目标和过程目标。任务目标是社区工作者提高社区社会资本存量的实质性工作项目，是需要解决的具体社区问题。主要包括建立完善的社区关系网络、新的社区互信互惠规范、培育社区骨干和社区参与意识。过程目标主要内容包括初入社区，社会工作者与社区居民相互认识和了解，建立良好的专业关系；增加社区居民之间的互动、沟通与合作，重建信任、互惠的亲密关系；培育社区骨干和自组织，提升居民参与社区公共事务的意识和能力，提升社区认同感与归属感。

3. 直接目标

（1）完善邻里关系网络

社区网络是社区社会资本培育的起点。建立完善的社区网络有利于提高社区居民处理问题的能力和信心，增加社区居民交往和合作机会（陈佩，2012）。面对个体社会网络日益跨越邻里边界向外拓展的现状（Wellman，1988），重新挖掘培育社区社会资本，构建紧密联结的邻里关系网络意义重大。社区工作者可尝试在社区成立居民议事会，推行议事委员制度，建立议事规则和民主协商制度。通过居民议事会引导和鼓励社区居民参与讨论、协商社区事务，促成广泛的社会参与氛围，形成相互支持的关系网络，培育社区社会资本。上述关于介入目标的实现，基本建立在社区居民广泛交往与社区参与的基础上。为此，一方面，必须加强邻里间吸引及增进邻里交往的实践，努力提高社区居民的参与度；另一方面，社区工作者要做好角色定位，在实践中扮演使能者、支持者和督导角色，通过引导和鼓励，发动社区居民自发组织活动和表达需求。

（2）建立社区居民的信任、互惠关系

信任可促进合作行为以提高社会效率，社区信任是完善社区网络和建立社区规范的黏合剂（普特南，2014）。在其他条件相同的前提下，参与者之间的交往越多，他们之间的相互信任就越大（胡蓉，2006）。社区信任程度和水平越高，越能促进社会参与，也越容易带来合作行为，促成集体行动。因此，社区工作者要积极引导社区居民在互动交流与合作中建立信任、互惠关系。

（3）培育社区自组织

社区组织是衡量社区社会资本的重要指标。社区工作者可基于授权与赋能理念，首先抓好人才发掘和培育工作。在社区开展的各种文化娱乐活动中发掘居民骨干和精英，培育形式多样的社区组织。培养居民申请、开展社区项目的能力。启发催化和支持鼓励社区组织正确认识社区问题，提高社区意识，并自下而上地民主参与社区公共发展事务。利用自身力量完善和建立新的社区互助互惠规范，团结起来共同致力于社区发展。

4.最终目标：培育社区社会资本

（三）干预过程及效果

社会工作介入：走进社区，建立关系、探索楼门文化建设、发展社区组织、项目化运作、调整人员架构与目标。

1.走进社区，建立关系

进入社区，社区工作者首先介绍自己的工作目标，并与社区居民对社区发展及存在的问题进行街头接触或深入访谈，同时留意关心社区公共事务的积极分子及社区潜在骨干和精英，为后期发动社区居民参与奠定基础。由于社区居民的戒备心较强，所以要加强与社区居委会的合作，尽快和社区居民熟悉并获得身份认可。可从以下方面建立关系：

首先，通过社区居委会人员的引荐，认识每一栋楼的楼门长。与各楼门长交流，了解每栋楼所住家庭的基本情况等，与居民认识熟悉，使他们放下戒备心。其次，在社区举办丰富多彩的文体活动。与社区现有的社区组织（如乐民服务队、舞蹈队、乒乓球队等）的成员认识，举办大型的社区活动邀请这些社区组织参与和合作。一方面，拉近与社区居民的距离，增加与社区居民的熟识度；另一方面，提供社区居民之间互动交流机会，调动社区整体气氛，使社区“活起来”。

2.探索楼门文化建设

社区工作者发动社区居民以楼栋为单位自发形成焦点小组（或兴趣小组），

在社区工作者的启发和引导下，小组成员自选主题并通过讨论协商以形成每栋楼的文化建设目标、口号和自我约束公约。在楼门文化建设中，社区工作者要能够发掘除了楼门长以外的社区骨干、热心人士和关键人物，鼓励和支持他们参与社区建设。随着互联网的发展，要积极利用沟通交流软件，如微信、QQ群等，建立虚拟和真实相结合的楼栋小组，使每栋楼的居民能够通过社交软件进行及时交流、协商与沟通，互帮互助解决楼栋、小区面临的困难与问题。

楼门文化建设主要任务包括：首先，每栋楼的居民针对前期讨论的建设目标展开有计划的行动，如改善楼道环境，装饰各具特色的楼门门面等。其次，各自楼栋居民遇到问题时，每栋楼的楼门长和居民骨干要发挥带头作用，及时帮助协商解决，尽量把问题化解在楼门中。要定期与社区居委会沟通，反映居民集体问题，做到上情下达、下情上报，创造良好的沟通渠道。最后，楼栋之间开展有益、可行文化评比活动，相互学习提高，如邻里文化节、体育比赛、楼栋美化比赛等。

3.发展社区组织

立足社区居民的公共利益，在楼门文化建设的基础上，每个楼门推选1名居民骨干，在自发、平等沟通、讨论协商的基础上，建立有利于增强邻里守望相助及满足居民需求的互助组织。鼓励社区居民借助社区组织平台解决社区问题和需求，最终实现完善社区网络、增强社区信任、建立社区互惠规范的目的。

发展社区组织的任务主要包括：首先，组织内部必须明确岗位分工，厘清相应岗位职能和权力，使社区民间组织结构富有弹性和开放性，使社区其他热心人士能够加入组织中，扩大组织力量，提高社区组织的公开性和透明性。在发展期还要考虑组织的发展动向，拟定发展的长远目标。其次，组织对组织成员和社区领袖人物的社区参与意识和能力的培训，提升其社区自治意识和能力。通过持续的社区教育，培养社区参与意识和归属感（王思斌，2016）。最后，社区组织的持续发展，还需积极链接资源，加强与外界联系，确保组织能够获得其他人士的认同，建立各种关系网络。社区组织要加强与社区居委会的沟通交流，督促街道与社区居委会对社区居民需求及时做出回应，还应积极参与社区事务，对社区发展提出合理化建议，共同治理社区。

4.项目化运作

社区组织参与社区发展需进行项目化运作，这就要求社区组织一方面要健全对外关系网络，扮演积极角色；另一方面要获得社区居委会的认可和支持，加强两者之间的合作，争取社区居委会的资金支持。社区组织主要发挥社区居民的集体力量，积极培育社区志愿者，让社区“动起来”。

为提高社区社会资本存量，社区组织的领袖人物必须通过链接社区内外资源进行项目化运作，加强邻里互动交流、沟通合作，促进社区关系网络、信任互惠规范的形成。例如，策划“传递邻里情，你我共温暖”项目、“最美家庭事迹口口相传”口述史项目，建立“社区家庭公约”项目等。

5.调整人员架构与目标

社区组织根据上述介入目标运作一段时间后，伴随目标的逐步实现及社区发展，社区组织需重新调整人员架构及目标。这一阶段最重要的是评估目标的实现情况及考虑社区新的组织成立的必要性。一方面，社区居民可能已形成比较成熟的社区关系网络及互惠的非正式规范体系，社区组织的使命完成；另一方面，社区组织可能面临新的挑战，如核心领袖或组织成员的大量流失、新的社区组织出现对其存在代替性、缺乏资源或社区内出现新的问题使介入目标急需调整等。

三、案例使用说明

（一）教学与训练

1.理论知识

（1）社区、社区工作的内涵。

（2）社区工作的方法。

（3）地区发展模式。

（4）社会资本理论。

（5）社区组织的培育和发展。

（6）新型城镇化背景下“农改居”社区工作的探索。

2.能力训练

（1）学会运用社会资本理论视角全面分析社区资源、优势以及问题等。

（2）社区工作者作为组织者，不仅组织工作对象，同时要掌握自组织能力。

（3）将个案工作、小组工作及社区工作方法有机整合，灵活运用。

（4）提升社区工作者的文化理解力，有效回应社区中的文化多样性问题。

（5）训练团队合作能力，对社会公正的思考及社会工作专业本身的反思。

3. 价值观讨论

（1）社区发展最终要依靠社区自身的力量与资源，而不是仅依靠外部力量与资源解决社区问题。

（2）社区工作者不是专家，不是仅给社区居民提供服务，而是与社区居民同行，共同商议解决社区问题。

（3）社区的点滴改变是一个过程，需要运用社会工作的多种专业方法不懈努力才能实现。

（二）思考题

1. 如何理解新型城镇化？

2. 如何运用社会资本理论对“农转居”社区进行全面分析？

3. 针对“农转居”社区的发展现状及需求，设计专业社会工作的介入方案。

4. 结合本土实践经验，丰富和发展地区发展模式的理论与实践。

（三）讨论与分析

1. 分析与知识点梳理过程

案例分析的基本思路是将案例相关的材料，通过教师实现设计的提问逻辑引导和控制案例讨论过程。该案例分析的基本逻辑是：

（1）Y社区在“农转居”之后其原有较为完善的邻里互助关系网络被打破，由于社区居民生活方式的转变以及社会主义市场经济的影响，对比之前村民之间互相帮助、互换食物等互动互助行为，社区邻里间尚未形成新的互惠互助的非正式规范体系。“农转居”前村民间有着共同的文化习俗，较浓的民俗气息，村民之间背景熟知。但“农转居”后，随着社区流动人口增加，对租住Y社区的流动家庭以及新近购房搬进社区的家庭背景不了解，加之网络媒体中报道的各种“入室抢劫”“传销”等新闻，导致社区原有住户不信任这些家庭，邻里交往互动减少，沟通合作困难。同时，原有的老街坊邻居之间也不再串门聊天和开展各种娱乐活动，而仅在楼下见面打招呼，邻里间渐渐倾向冷漠、孤立封闭的状态，社区归属感和凝聚力缺乏。此外，社区居民较多依赖社区基层组织管理，希望政府层面的工作人员处理社区事务，而社区组织欠缺，居民自发形成社区组织的机制尚未形成；居民参与社区事务能力不足，社区缺乏民主参与渠道。

（2）制定社会工作干预目标时，借鉴了社区工作中的地区发展模式。此模式主要适用于社会变迁过程中社区存在的归属感、认同感较差，社区参与不足、社区组织欠缺等问题。针对超大城市新型城镇化背景下“农转居”社区存在的生人社区的问题，制定了熟人社区重构的干预目标。

（3）运用什么具体的社会工作手法达到上述目标？是否有针对上述社区现成的可资借鉴的经验？究竟社区应该发生怎样的改变？改变如何能够实现？这是我们讨论任何工作的出发点以及评估工作的核心目标。

2.理论依据

（1）社会资本理论

在当代社会资本研究意义上，布迪厄第一个定义了此概念，指出社会资本是实际或潜在资源的集合，这些资源与拥有相互默认和承认的、或多或少制度化的关系的持久网络相联系（Bourdieu，1986）。科尔曼进一步指出社会资本具有公共物品性质，它的表现形式包括信任、规范、信息网络、自愿基础上建立的组织等（Coleman，1990）。普特南指出社会资本能够通过促进合作行为实现社会效率提高的目的（Putnam，1993）。社会资本不仅是一个人的资源，更是全社会的资源。它强调网络结构的强大力量，如果善于运用这一关系网络，不仅可帮助自己，还能解决集体行动困境（普特南，2001）。国外学者霍伊东克、德罗默斯将社区社会资本操作化为社区互动关系、归属感和满意度进行测量，强调在概念化社区社会资本和健康的关系时应把多样性考虑在内（Hooijdonk & Droomers，2008）。有学者提出可用于界定社会资本的因素有以下八种：社区参与、能动性、信任与安全感、邻居关系、家庭与朋友的联系、差异化的承受力、生活价值和工作联系，并通过设计一系列问题对这八种要素进行测量（牛喜霞等，2014）。社区居民的“公民精神”是衡量社会资本水平的重要指标，社会资本存量就是社区中居民参与社团活动和社区组织的水平，并通过阅读报纸、参与志愿活动以及对政治权威的信任等指标进行测量（刘春荣，2007）。

自20世纪90年代中后期开始，以开展社区建设为标志，中国城市基层管理体制改革创新进入了新的阶段。但社区复杂多样的文化和社会环境使社区治理过程中不断出现困境，引起学术界对社区治理的不断关注和研究。社区治理并不仅仅指社区基础设施、环境改善和进行有效的管理，更重要的是家庭之间彼此有共同价值观、相互信任和社区成员之间无形的互惠规范以及对社区文化的认同，以提高社区家庭的归属感和认同感，实现社区共同治理。可见，支撑社区发展的因素正是社会资本的基本构成要件。所以，社会资本作为一种可用于改善群体的生活状态、提高群体福利的资源，能够促进社区建设。

国内学者认为城市社区社会资本是城市社区内部的个人和组织在长期的内外互动中形成的互惠规范和互利交往关系（隋广军，2002）；通过长期内外互动的社区参与基础上形成社区居民和组织之间的关系网络，有助于社区实现自治目标的无形资源（黄文新等，2012）。社区社会资本是社区行动主体（包括单位、社团等正式组织和非正式组织与群体）经由互动合作而建立的社会关系网络，在其内部所蕴含的历史文化、价值理念和行为规范等都是一种利于居民行动的合力（姜中华，2009）。尽管学者的界定不同，但基本上认为社区社会资本的构成要素主要包括社区关系网络、社区规范与社区信任，这三个要素是衡量社会资本的最稳定并已得到普遍认同的指标。

社区社会资本是以社区为依托或载体而形成的集体性社会资源。就一个社区而言，社会资本决定了社区活力和凝聚力的强弱以及社区治理的绩效。国内学者已将社会资本理论和社区研究相结合。认为通过培育和建构社区社会资本对于调节社区人际关系和社区发育有重要作用（姜振华，2008）。指出“村改居”中隐藏的互惠互助、信任、合作等都是社会资本的表现形式。通过培育这些无形社会资源有助于解决“村改居”社区治理中存在的困境（黄立敏，2013）。社区管理需要重建社区社会资本，使成员具有普遍的价值观和强烈的集体认同感和归属感，成员之间相互合作、信任，以成为社区管理的有效资源和内在动力（方晴，2013）。社区社会资本的积累并不可能在完全自发的条件下进行（吕敏，2015）。

国内学者对社区社会资本进行了测量。学者基于杭州市11个社区的研究，将城市社区社会资本划分为社区信任、社区规范、社区网络三个测度领域，并通过系统性、可操作性、有效性和可比性四个原则对社区社会资本划分不同的指标。将社区信任分为社区满意度、社区信任度、社区评估三个测度；将社区规范分为社区价值、社区关怀和社区认同三个测度；将社区网络分为社区关系、社区参与和社区组织三个测度（朱蓓，2010）。也有学者将社区资本通过以下几个因素综合考察：对社区的参与、信任和安全感、邻居间的联系、家庭的联系、社区规范、社会价值观及其他因素，并对每种因素的测量通过设计一系列的问题进行调查（隋广军、盖翊中，2002）。社区社会资本是一种群体视角的社会资本，社区居民间的交往频率对提高社区的归属感具有重要作用，只有通过促进居民间的互动交往与信任，才能在整体上提升全社区的社会资本（张荣，2006）。学者对大家公认的测量维度进行整理分析，提出最常见的社区社会资本测量包括8个维度：参与地方性社团或组织、地方性社会网络、非正式社会互动、信任、互惠、志愿主义、社会支持、社区凝聚力和社区归属感，然后建构了一个多维度的测量体系，形成社会资本测量量表，并对上海市市民进行随机抽样调查，并检验数据的信度和效度，从而更精确了社区社会资本测量的维度与指标（桂勇、黄荣贵，2008）。社会资本有三个维度，分别是关系维度、结构维度以及认知维度。从社会网理论的视角出发，对乡村社区中的人际关系互动网络进行测量，将结构维度放进认知维度分析。认为关系维度社会资本主要测量群体互惠及义务关系的数量与信任度的强弱。认知维度社会资本则包括共同语言、共有叙事、社群认同感等指标（罗家德、方震平，2014）。根据研究目的并借鉴国内外已有的测量工具，建构城市社区社会资本的测量维度和指标，然后根据这些维度和指标设计相关问题，进行问卷调查。基于数据分析，得出五个社区社会资本的维度，即“社区感”“非正式社会互动”“互惠与支持”“参与社区社会组织”与“社区关系网络”（方亚琴、夏建中，2014）。

（2）地区发展模式

1987年罗斯曼提出社区组织实践的三大模式，其中地区发展模式是通过调动社区居民参与、互助合作，再借力上级政府和外界机构组织的协助和支持，链接社区内外资源，以实现解决社区问题并满足居民需求目的的一种工作模式（徐永祥，2004）。地区发展模式关注社区内集体性问题；注意通过提高社区自治能力实现社区建设和发展。一般所介入社区的居民参与意识较低，缺乏解决社区问题的积极性和能力；注重过程目标的地位和重要性；特别重视社区居民的共同参与，希望通过鼓励社区所有居民的积极讨论以进行民主决策，实现社区的可持续发展。地区发展模式较注重提升社区居民的参与、互惠合作、信任、归属感和责任感，而这些都是重要的无形资源，即社区社会资本。熟人社区重构更多依赖社区社会资本培育。

因此，本研究基于上述分析，试图通过地区发展模式的介入，建立完善的社区网络、社区信任和互惠规范，培育社区社会资本（奂平清，2010），进而达到熟人社区重构的目的。

四、案例使用要点

本案例分析关键在于把握“农转居”社区前“农村社区”社会资本的特点、转居后社区社会资本面临的问题以及建成的熟人社区应是什么样的问题。因此，教学中的要点是：

（一）分析“农转居”社区前“农村社区”社会资本的特点。

（二）分析“农转居”后社区社会资本面临的问题。

（三）从社区工作视野寻找社区问题和社会工作介入的结合点。

（四）调动政府、社会、社区、社会组织等多方资源，形成联动机制。

（五）个人网络、互助网络、邻里网络在地区发展模式中应如何建立？

（六）社会工作者不仅是服务的提供者，还是组织社区居民共同协商寻求社区的改变者。

五、教学计划与建议

（一）教学计划

本案例的课堂计划可以根据学生的差异，尤其是对案例的阅读和课前对相关知识的掌握进行有针对性的施教。本案例课程主要按照4课时进行设计。

A计划：适用于两种情况，学生事先预习到位，但实务经验不够丰富，学生课前预习不一定完成得很好，或学生之间的实务经验相差较大。因此，在这两种情况下，案例讨论过程中需要教师引导的内容相对较多，将重点放在社会工作项目推行和步骤部分。

B计划：学生有相对比较丰富的社区工作经验，教师可根据案例进行细致布置，让学生分组讨论和总结案例，课堂PPT汇报并与同学交流。教师总结提升，将重点放在该社区的发展方向以及什么是发展等的反思上。

课堂教学详细安排计划表如下：

A计划	B计划
课前阅读相关资料和文献：3小时 《关于加强和完善城乡社区治理的意见》（中共中央、国务院，2017）；《关于深化北京市社会治理体制改革的意见》（北京市政府，2015）；《社区工作》（徐永祥，2004）；《走出囚徒困境：社会资本与制度分析》（曹荣湘，2003）；北京市“农转居”Y社区基本情况介绍等 课堂安排：2课时（90分钟） 案例回顾：10分钟 集体讨论：20分钟 课堂交流：40分钟 知识梳理总结：20分钟	课前阅读相关资料和文献：3小时 《关于加强和完善城乡社区治理的意见》（中共中央、国务院，2017）；《关于深化北京市社会治理体制改革的意见》（北京市政府，2015）；《社区工作》（徐永祥，2004）；《走出囚徒困境：社会资本与制度分析》（曹荣湘，2003）；北京市“农转居”Y社区基本情况介绍等 小组讨论：1小时 课堂安排：2课时（90分钟） 课堂汇报展示：60分钟 知识梳理总结：20分钟 问答与机动：10分钟

（二）教辅手段及工具

计算机、大白纸、彩色笔、移动话筒等。

（三）教学监测和评估

为了确保案例教学过程能促使教学目标的达成、延伸以及教学质量提升，学生分小组完成课后以及课上的相关作业。选出组长负责统筹监管，要求任务分工具体。

每个小组的主要任务包括：

1.课前阅读相关资料和文献，要求写出文献报告。

2.讨论案例。

3.制作PPT。

4.每组选出一名代表汇报。

5.每人撰写一份服务方案。

（四）案例使用注意事项

本案例适用于“社区服务与社区发展”，也可用作“高级社会工作实务”“社会服务管理”等课程的辅助案例。若将本案例用于其他课程，则需做调整，本案例使用说明可供参考。

熟人社区的构建

——以北京市S社区为例

李　敏　吴修丽

一、课程基本信息

（一）教学目标

通过本课程学习，使学生了解社区及社区工作；理解社区服务、社区治理、社区营造及社区发展的内涵；掌握社区服务、社区治理与社区营造的理论和方法；了解社区服务、社区治理与社区营造的内容；培养学生服务社区的意识和社区发展的理念，训练学生从事社区服务、社区治理、社区营造的能力，学会运用社区服务、社区治理、社区营造的方法解决社区问题，提高社区居民生活福祉和促进社会协调发展。

本案例在了解北京市S社区在熟人社区构建方面存在的问题，以“邻里节”项目为载体，采用社区工作方法介入S社区的熟人社区构建，通过访谈法对实务介入效果进行评估，最终为社区工作后续发展提出建设性意见。

（二）教学主题

社区发展、社区治理等。

（三）教学内容

地区发展模式、社区社会资本。

（四）教学对象

社会工作专业硕士以及社会工作本科生高年级学习阶段使用。

二、案例主体

（一）案例背景

“熟人社会”的概念最早出现在费孝通先生的《乡土中国》一书中，他认为中国的熟人社会是以地缘和血缘为基础的人情社会，有学者认为这种关系网络影响着我国法制建设，是对社会规则的无视（费孝通，1998）。但随着社会发展和科学进步，人与人之间的交流沟通需要渗透在工作生活的方方面面，在社区中更是如此。邻里间良好关系的建立既是人类生存的本能，又是推动社区发展的动力。当前，我国“熟人社区”构建工作正在基层如火如荼地展开：无锡市委在2016年12月提出打造熟人社区要以“公共文化”为基础，着力打造居民的共同家园，让居民重新享受守望相助的邻里关系（打造熟人社区要以“公共文化”为基，2016）；重庆市政府在熟人社区构建方面也提出特色路径，目前已开展700余场邻里活动，参与人次达两万之多，已成为“熟人社区”建设的重要载体（重庆市大渡口区人民政府）；嘉兴市格林小镇社区将熟人社区与志愿服务相结合，以期改变邻里不认识的尴尬局面；厦门市集美区银亭社区积极探索社区治理新路径，变“生人社区”为“熟人社区”等。

2017年6月，中共中央、国务院发布《关于加强和完善城乡社区治理的意见》，意见指出要将增强居民社区参与能力、提高社区服务供给能力和强化社区文化引领能力作为不断增强城乡社区治理水平的重要举措，在公共利益和重大问题的决策中提高居民的参与意识，做到真正的民主集中。同时，应做好社区居民的社会服务和文化教育等公共服务事项，不断满足居民多样化的需求。

北京市作为国家的政治中心，在推进社区治理方面走在前列。2015年8月北京市出台《关于深化北京市社会治理体制改革的意见》，提出社会治理应当朝着系统化、源头化、法制化和综合化方向发展，加强党建工作的引领作用，善于利用社会组织的力量，建设起一支专业的社工和志愿者队伍，用专业的工作方法开展社会治理工作，不断适应时代变化，力求社会平稳快速发展。

基于以上分析，构建“熟人社区”对于社区居民获得更高质量生活有重要意义，且熟人社区构建在我国具有一定的政策基础和社会基础，是实现社会发展和居民幸福生活的迫切需求。

（二）案例描述

S社区位于北京市大兴区，于2013年建成入住，共有居民楼11座，辖区内有一所小学和一所幼儿园，有两处广场可供居民休闲。调查过程中笔者发现居民更偏爱较大的广场，一方面是因为此广场位于小区中心位置，另一方面是因为广场中央有一座假山，老人和孩子可以在此处游乐，开发商和社区居委会正在积极完善广场的各项基础设施。据2017年年初的数据显示，S社区共有1456户居民，入住率为60%。由于社区居委会工作繁忙，截至笔者调查，工作人员也未对数据进行及时更新，但社区居委会人员表示入住率肯定较年初有所上升，应上升至70%左右，其中老年人口居多。由于是新建社区，户籍转入本社区的手续比较复杂，许多社区居民未取得房产证和购房合同，所以户籍人口在本社区的数量较少，流动人口较多。

S社区居委会于2017年年初成立，目前共有工作人员8人，主任、副主任各1人，社工委下派至各社区的社会工作者2人，另有工作人员4人。其中社区居委会主任兼任社区服务站站长和党支部书记，副主任兼任党支部副书记。虽然成立时间较晚，但社区的工作开展速度很快。社区居民基本信息档案的登记造册工作已经完成。2017年社区居委会的主要工作任务就是与居民加强联系，让居民对社区居委会有深刻了解，在这个过程中不断提高居民的熟识程度，让社区变得更加团结和谐。

1.社区问题与需求

（1）关系网络

经过评估后发现，S社区在关系网络方面具体表现为邻里熟识度不高，居民间陌生感较强；且居民职业对邻里熟识度的影响较大；在外工作的居民熟识度较家庭主妇处于更低水平。同时，社区组织尚需进一步发展；社区居民的参与意识不强、社区参与行为较少；居民社区自治意识不强，自治意识的提高需外力推动。

（2）社区信任

S社区的居民间及居民与社区组织间的信任程度均较低，在问卷的五个维度中，绝大多数居民选择中间偏低维度，呈现出社区信任状况的不尽如人意。与此同时，笔者发现社区居民之间的交往程度较浅，居民大多选择在社区中的公共领域进行交往。从聊天地点不难看出，小区广场和公园是大家的首选，说明人与人之间的信任程度仍有上升空间。

（3）社区规范

基于以上分析，该社区居民的互助意识较强，但较少付诸实践，互助行为较少。可见，社区规范的建立缺乏契机和动力，这就为社会工作介入提供思路。S社区居民大多缺乏社区自治意识，但认为应建立一定的社区公约，以此规范居民行为从而获得更好的居住环境。

综上所述，S社区社会资本水平较低，但居民对有助于社区和谐发展的活动呈支持态度，不排斥熟人社区的构建。这就要求我们在项目介入时应注意加大宣传力度，充分调动居民积极性，努力为提高社区社会资本存量搭建平台。在条件允许的情况下，设计出既具备专业理念又让居民满意的活动方案，在促进社区关系网络形成的基础上推动社区规范的形成，培育居民自治意识和信任感，为构建熟人社区做出努力。

2.地区发展模式指导下的社区工作目标

本研究以“邻里节”项目为载体，为社区居民搭建平台，改善社区陌生邻里关系。根据对S社区的问题评估结果，在社会资本理论的指导下，以地区发展模式作为方案设计的依据，从而开展不同类型的活动，充分调动社区居民的参与积极性。通过活动促进社区关系网络的形成，激励居民互助，提升幸福指数，营造和谐亲切的社区氛围。

3.直接目标

（1）增强居民之间的熟识度

由于S社区邻里熟识程度较差，所以从公共空间交往入手开展社区活动，计划开展社区消夏晚会类活动。鉴于项目介入时间在7月左右，正值暑假，加之居民招募具有一定难度，故设计一系列家庭亲子活动。一方面可促进家庭乃至社区居民良好沟通的形成；另一方面也可提高居民参与活动的积极性，让更多居民享受到社区服务，从而有利于增强居民之间的熟识度，促进熟人社区的构建。

（2）建立社区规范

为促进社区规范的建立，笔者从提高居民自治和互助行为入手进行活动设计，主要开展科技手工制作和环保制作类活动，帮助居民在制作中与他人交流，遇到困难时鼓励居民相互帮助。社区组织也是形成规范的良好平台，本研究也将在挖掘和培养社区精英方面进行努力，在项目中设计部分技能提高类活动，从而培养居民的社区参与能力，为社区组织的建立储备人力资源。

（3）培育社区信任感

社区信任感的培育是一个长期过程，当居民建立起较好的关系网络和互助规范后，人与人之间的交往会更加深入，人与组织间的互动也会更加频繁。一方面在项目中设计诸如提高居民沟通能力的讲座类活动，以此提高居民交往中行为的可预见性；另一方面在项目即将结束时为居民间的长期交往创造条件，将项目的最后一场活动确定为睦邻卡的发放，为居民提供联系的纽带，以便在项目结束后为社区信任感提升提供良好平台，维持项目介入效果。

4.最终目标

培育社区社会资本，提高邻里熟识程度、互助水平、自治能力和信任程度，建立居民关系网络和规范，逐步构建熟人社区。

（三）干预过程及效果

此次社会工作介入采用访谈法进行过程评估和结果评估。

1.关系网络

在“邻里节”项目介入后，居民的关系网络得到了进一步构建，主要表现在：邻里之间熟识程度有所提升，让居民感到自己已成为社区一分子，归属感有所加强。同时，一系列娱乐类社区组织逐步建立起来，居民可在参与社区组织中继续巩固自己的社区关系网络，从而提升社区社会资本水平。

当然，居民熟识程度是因人而异的，这与居民个人性格有关。在活动过程中一些性格开朗活泼、乐于与人交往的居民，一旦为其提供平台，在自身性格的驱使下他们的社区交往频率自然升高，邻里熟识程度也会快速上升。对于性格沉稳内敛的居民来说，工作者即使提供了平台并给予了推动力，但由于居民的主观原因，其邻里熟识程度上升速度较前者便会明显放缓。且社会组织在其中扮演的角色有时过于被动，许多工作并不是主动开展的，而是居委会下发工作计划或是为满足政府需求所开展的，此点也是值得我们高度重视并完善的方面。

2.社区规范

S社区居民的互助规范有所建立，居民表示互助行为在日常生活中已变得随处可见。人与人之间的关系在互助过程中也更加熟络，“远亲不如近邻”的理念已渗透进居民生活。同时，居民的自治行为也越来越全面，包括楼门长、红袖标巡逻队等的建立。不仅搭建了社区居委会与居民的桥梁，更为社区的安全稳定贡献了力量。居民表示自己能够为社区出一份力十分开心，找到了自己的价值所在，熟人社区在此过程中被逐步构建起来。

研究发现，当前社区工作在基层开展服务时存在服务对象数量有限，参与社区活动的总是固定的一些居民，这其中既有居民自身的原因也与社区居委会宣传工作不到位有关。参与社区活动的多数是老年人，年轻人工作繁忙且活动区域广泛。但社区发展也需要新鲜血液的加入。为此，激发年轻人的社区参与意识是社区工作的重点也是难点。

3.社区信任

该社区居民对于居委会的信任程度较高，有问题时寻求居委会的帮助是大家共同接受的解决途径。由于人与人之间信任感的建立是一个长期过程，基于笔者对S社区介入时间较短的现实情况，在评估中发现居民间的信任程度没有明显改善，主要表现在邻里交往中，大多数居民与邻居的沟通仍停留在公共空间。这与社会工作介入形式单一，且社会工作者和社区工作人员没有建立较强的创新意识有关，认为方法不在新管用就行。殊不知，居民的需求在变、社区现状在变。如果多年来开展活动的类型没有跟随居民的变化而变化，那么社区与居民的距离会逐渐拉大，熟人社区构建也会成为泡影。同时，目前所建立的社区组织中以文化体育类和公益慈善类为主，社区事务类组织力量比较薄弱，社区组织发展着力点放在了满足居民休闲娱乐需求中，没有起到居民与社区之间的桥梁作用，居民的参与意识和能力还没有被充分激发。

总之，社区工作介入熟人社区构建后，S社区在邻里互助水平、社区自治、社区信任方面都有所提升，许多指标得到了明显改善，社区活动的参与积极性也被充分激发，社区社会资本得到了积累，熟人社区在此过程中被逐步构建。与此同时，我们也发现介入效果的不足和居民对熟人社区构建的期望，为社区工作的进一步开展和社区居委会工作的进一步深入指明了方向，为之后熟人社区构建提供了经验、奠定了基础。

三、案例使用说明

（一）教学与训练

1.理论知识

（1）社区、社区工作的内涵。

（2）社区工作的方法。

（3）社会工作的专业技巧。

（4）地区发展模式。

（5）社会资本理论。

（6）社会工作评估。

2.能力训练

（1）学会如何根据社区具体问题，灵活设计介入策略和服务方案。

（2）学习如何在服务方案中融入社会工作价值理念。

（3）学习社会工作专业技能方法的运用。

（4）学习如何对服务过程进行反思和调整服务方案。

（5）学习如何对服务效果进行过程评估及结果评估。

（6）学习运用社会资本理论视角全面分析社区资源、优势以及问题等。

（7）学习将个案工作、小组工作以及社区工作方法有机整合，灵活运用。

（8）学会对社会公正的思考以及社会工作专业本身的反思。

3.价值观讨论

（1）社区工作者的专业技能是在实践—反思—实践中不断提升的。

（2）社区工作者不是专家，不是仅给社区居民提供服务，而是与社区居民同行，共同商议解决社区问题。

（3）社区的点滴改变是一个过程，需要运用社会工作的多种专业方法不懈努力才能实现。

（4）社区发展最终要依靠社区自身的力量与资源，而不是仅依靠外部力量与资源解决社区问题。

（二）思考题

1. 如何理解生人社会、熟人社区？
2. 如何运用社会资本理论对超大城市商品房社区进行全面分析？
3. 如何针对社区的发展现状及需求，设计专业社会工作的介入方案？
4. 本案例采用了何种社会工作介入策略？
5. 请分析本案例中社会工作介入策略成功的方面及原因。
6. 请分析本案例中社会工作介入策略暂时失败的方面及原因。
7. 结合本土实践经验，丰富和发展地区发展模式的理论与实践。

（三）讨论与分析

1. 分析与知识点梳理过程

案例分析的基本思路是将案例相关的材料，通过教师实现设计的提问逻辑引导和控制案例讨论过程。该案例分析的基本逻辑是：

（1）S社区的社会资本水平较低，在关系网络方面具体表现为邻里熟识度不高，居民之间陌生感较强，且居民职业对邻里熟识程度的影响较大，在外工作的居民熟识程度较家庭主妇处于更低水平。同时，社区组织尚需进一步发展，居民参与意识不强、社区参与行为较少，居民社区自治意识不强，自治意识的提高需外力推动。S社区的居民间及居民与社区组织间的信任程度均较低，在问卷的五个维度中，绝大多数居民选择中间偏低维度，呈现出社区信任状况的不尽如人意。社区居民间的交往程度较浅，大多选择社区中的公共领域进行交往，小区广场和公园为首选，说明人与人之间的信任程度仍有上升空间。该社区居民的互助意识较强，但较少居民将想法付诸实践，互助行为不频繁，说明社区规范的建立缺乏契机和动力，为社会工作介入提供思路。S社区大多数居民没有社区自治意识，但认为应建立一定的社区公约，以此规范居民行为从而获得更好的居住环境。

（2）制定社会工作干预目标时，在社会资本理论的指导下，梳理社区工作诸多模式后发现，地区发展模式与社会资本理论可适用于熟人社区构建：社会资本理论、熟人社区及地区发展模式都注重社区中良好关系网络的建立，其中地区发展模式的目标包括社区网络的形成、居民参与程度的提升、增强信任等。这与提高社区社会资本、构建熟人社区的理念十分契合。将主要采用地区发展模式，从促进社区关系网络形成、社区规范建立及社区信任提高方面进行项目设计。

首先，S社区邻里熟识程度较差，所以从公共空间交往入手开展社区活动，计划开展社区消夏晚会类活动。设计一系列家庭亲子活动。一方面可促进家庭乃至社区居民良好沟通的形成，另一方面也可提高居民参与活动的积极性。从而有利于增强居民间相互熟识，促进熟人社区的构建。

其次，为促进社区规范的建立，从提高居民自治和互助行为入手设计活动。主要开展科技手工制作和环保制作类活动，帮助居民在制作中与他人交流，遇到困难时鼓励居民相互帮助。社区组织是形成规范的良好平台，将在挖掘和培养社区精英方面努力，在项目中设计部分技能提高类活动，从而培养居民的社区参与能力，为社区组织建立储备人力资源。

最后，社区信任感的培育是一个长期过程，当居民建立起较好的关系网络和互助规范后，人与人之间的交往会更加深入，人与组织间的互动也会更加频繁。一方面在项目中设计提高居民沟通能力的讲座类活动，以此提高居民交往中行为的可预见性；另一方面在项目即将结束时为居民长期交往创造条件，将项目的最后一场活动确定为睦邻卡的发放，为居民提供联系的纽带，以便在项目结束后为社区信任感的提升提供良好平台，维持项目介入效果。

通过以上社区活动，社区社会资本将不断积累，邻里间的熟识程度、互助水平、自治能力和信任程度将不断提高，居民的关系网络和规范不断形成，而熟人社区在这一过程中也将逐步构建。

（3）运用何种评估方法？本研究主要采用半结构访谈法在社区工作介入后对居民进行资料收集，获得居民对项目活动的真实感受，从细节中发现问题并发掘更具新意的资料。访谈集中在介入后期进行，不仅可了解社区社会资本的真实情况，还可了解居民对熟人社区构建的真实需求。在服务实施阶段，积极同居民交流沟通，访谈是贯穿整个社区工作介入过程的，因为从访谈中可得到居民对社区活动的真实反馈，根据访谈结果社会工作者还可不断改进工作方案，不断优化介入效果。

2.理论依据

（1）社会资本理论

社会资本理论最初由布迪厄在1980年正式引入社会学，他认为社会资本实际上是一种社会资源，个人从这种资源中可以受益的大小取决于实践者能力的强弱。社会资本与社会关系所组成的网络有关，且具有制度化的特点。布迪厄的观点通常被看作对微观层面社会资本的解读（石磊，2014）。布迪厄认为社会资本不是单一体，根据功能可将其分为许多种，但它们彼此之间拥有两个共同之处，其一是包括社会结构中的许多方面，且对结构中人们的行为是有利的；其二是生产性的，可协助某些目标的实现（Bourdieu，1986）。科尔曼认为社会资本的功能有两种，一是可促进个人和集体实现行动目标，二是在促进某些活动效果的同时会对其他活动产生损害（Coleman，1990）。学者认为科尔曼是从中观层面对社会资本进行了较为全面的解读（石磊，2014）。普特南将社会资本理论运用到民主政治的研究中，指出社会资本的特征包括信任、规范和网络（Putnam，1993），他的研究使社会资本理论得到学者的广泛重视。

社区比国家、市场更能培育与利用人们传统上形成的共同行为的激励机制，如信任、团结、互惠、名誉、尊敬等（萨缪尔·伯勒斯、赫伯特·金迪斯，2003）。社会资本在促进社区治理中的作用主要体现在：其一是增大居民之间接触的可能性，其二是使社区居民的互动更加频繁，其三是避免居民低水平“搭便车”式合作，促进高水平合作行为的产生（杨晓寅，2014）。这与熟人社区构建目的十分契合。社会资本与社区发展之间存在很大关联性。社区作为一个综合性极强的概念，不仅包括居住在此地的居民，还包括其中的公共设施以及富有信任和共同价值取向的人际关系，社会资本理论恰好可以支撑上述社区发展的要素。一方面，社区社会资本存量的多寡直接影响社区治理的效率和社区凝聚力；另一方面，社区作为社会资本的载体也对社会资本的增减起决定性作用，所以社区与社会资本间呈现相辅相成、相互影响的作用效果（马文静、布仁吉日嘎拉，2012）。

（2）地区发展模式

社区工作模式是经过大量社区工作实践之后进行经验总结，将社区工作各个要素进行科学的整合和组织，进而形成较稳定的模型和样式。中国内地学者较为提倡的是杰克·罗斯曼的三种社区工作模式。1979年他提出了地区发展模式、社会策划模式、社会行动模式三大工作模式。罗斯曼强调，这三种工作模式并不是独立使用的，具有综合运用、相辅相成的特点（周婧飏，2013）。

地区发展模式强调过程目标，旨在社区中建立良好的人际关系，注重居民能力的提升以及自我管理意识的提高。社会策划模式注重专业人员的参与，通过专业的策划，为社区中某一问题的解决提出具体方案，是问题导向型模式，强调问题的解决。社会行动模式则是西方广泛运用的社区工作模式，它主要是通过游行、静坐、罢工等形式开展，此模式常被美国的下层被压迫者使用（马慧，2017）。

在地区发展模式中，英国学者托马斯将活动目标分为六种：促进社会网络的建立、增加居民间的互动和交往、改善邻里关系、居民和团体间重建紧密联系、使居民认识到社区参与的重要性、居民对社区更加信任和投入（王思斌，2011）。本研究立足于地区发展模式的过程目标，通过过程目标的不断实现从而增强社区社会资本，为熟人社区的构建奠定基础。

学者将地区发展模式下的工作方法分为两大类：其一是对社区居民进行发动、组织、行动的方法，其二是对社区的经济和项目进行策划、筹资、管理的方法。社会工作者为促进社区发展，一方面，应当多组织一些符合当地风俗习惯、居民参与积极性高的公益活动，以此来加强居民之间的联系，同时在活动过程中要注意社区人才的挖掘。另一方面，应当在社区中成立兴趣小组或互助小组，要使更多居民参与社区生活中就要借助社区中的特定事件，把广大居民的注意力吸引过来，从而采取行动解决社区问题（徐永祥，2004）。

四、案例使用要点

本案例分析关键在于把握超大城市生人社会商品房社区社会资本的特点、熟人社区构建中面临的问题以及熟人社区应是什么样的问题。因此，教学中的要点是：

1. 分析超大城市生人社会商品房社区社会资本的特点。
2. 分析熟人社区构建中面临的问题。
3. 从社区工作视野寻找社区问题和社会工作介入的结合点。
4. 社区组织在构建熟人社区中的作用。
5. 社区规划在构建熟人社区中的作用。
6. 社区文化在构建熟人社区中的作用。
7. 如何形成社区关系网络？
8. 如何建立社区规范？
9. 如何提升社区信任？

五、教学计划与建议

（一）教学设计

本案例的课堂计划可以根据学生的差异，尤其是对案例的阅读和课前对相关知识的掌握进行有针对性的施教。本案例课程主要按照4课时进行设计。

A计划：适用于两种情况，学生事先预习到位，但实务经验不够丰富，学生课前预习不一定完成得很好，或学生之间的实务经验相差较大。因此，在这两种情况下，案例讨论过程中需要教师引导的内容相对较多，将重点放在社会工作项目推行和步骤部分。

B计划：学生有相对比较丰富的社区工作经验，教师可根据案例进行细致布置，让学生分组讨论和总结案例，课堂PPT汇报并与同学交流，教师总结提升，将重点放在该社区的发展方向以及什么是发展等的反思上。

课堂教学详细安排计划表如下：

A计划	B计划
课前阅读相关资料和文献：3小时 （《乡土中国》（费孝通，2016）；《关于加强和完善城乡社区治理的意见》（中共中央、国务院，2017）；《关于深化北京市社会治理体制改革的意见》（北京市政府，2015）；《社区工作》（徐永祥，2004）；《走出囚徒困境：社会资本与制度分析》（曹荣湘，2003）；北京市S社区基本情况介绍等 课堂安排：2课时（90分钟） 案例回顾：10分钟 集体讨论：20分钟 课堂交流：40分钟 知识梳理总结：20分钟	课前阅读相关资料和文献：3小时 《乡土中国》（费孝通，2016）；《关于加强和完善城乡社区治理的意见》（中共中央、国务院，2017）；《关于深化北京市社会治理体制改革的意见》（北京市政府，2015）；《社区工作》（徐永祥，2004）；《走出囚徒困境：社会资本与制度分析》（曹荣湘，2003）；北京市S社区基本情况介绍等 小组讨论：1小时 课堂安排：2课时（90分钟） 课堂汇报展示：60分钟 知识梳理总结：20分钟 问答与机动：10分钟

（二）教辅手段或工具

计算机、大白纸、彩色笔、移动话筒等。

（三）教学监测和评估

为了确保案例教学过程能促使教学目标的达成、延伸以及教学质量提升，学生分小组完成课后以及课上的相关作业。选出组长负责统筹监管，要求任务分工具体。

每个小组的主要任务包括：

1.课前阅读相关资料和文献，要求写出文献报告。

2.讨论案例。

3.制作PPT。

4.每组选出一名代表汇报。

5.每人撰写一份服务方案。

（四）案例使用注意事项

本案例适用于“社区服务与社区发展”，也可用作“高级社会工作实务”“社会服务管理”等课程的辅助案例。若将本案例用于其他课程，则需做调整，本案例使用说明可供参考。

蒙汉杂居社区信任研究

——以内蒙古自治区赤峰市C社区为例

李　敏　梁瑜欣

一、课程基本信息

（一）教学目标

通过本课程学习，使学生了解社区及社区工作；理解社区服务、社区治理、社区营造及社区发展的内涵；掌握社区服务、社区治理与社区营造的理论和方法；了解社区服务、社区治理与社区营造的内容；培养学生服务社区的意识和社区发展的理念，训练学生从事社区服务、社区治理、社区营造的能力，学会运用社区服务、社区治理、社区营造的方法解决社区问题，提高社区居民生活福祉和促进社会协调发展。

本案例在了解蒙汉杂居社区信任现状及影响因素的基础上，运用地区发展模式对蒙汉杂居C社区信任提升提出介入策略，促进汉族与少数民族杂居社区的和谐发展。

（二）教学主题

社区发展、社区治理。

（三）教学内容

城市少数民族杂居社区治理、社区工作模式。

（四）教学对象

社会工作专业硕士以及社会工作本科生高年级学习阶段使用。

二、案例主体

（一）案例背景

2012年中共中央、国务院《关于进一步加强民族工作加快少数民族和民族地区经济社会发展的决定》中指出平等、团结、互助、和谐是我国社会主义民族关系的本质特征，汉族离不开少数民族，少数民族离不开汉族，各少数民族之间也相互离不开。各族人民要互相尊重、互相学习、互相合作、互相帮助，不断巩固和发展全国各族人民的大团结，构建社会主义和谐社会。文化是民族的重要特征，少数民族文化是中华文化的重要组成部分。国家尊重和保护少数民族文化，支持少数民族优秀文化的传承、发展、创新，鼓励各民族加强文化交流。大力发展教育、科技、文化、卫生、体育等各项事业，不断提高各族群众的思想道德素质、科学文化素质和健康素质。

中国自古以来就把诚信看作社会发展和人际交往的重要准则。“信”与“仁、义、礼、智”被合称为“五常”，是儒家的核心思想。这是古人做人行事的重要准则，同时也是现代人应该具备的品质和素养，贯穿于中华民族道德的发展之中。经过几千年的发展，中国从传统社会向现代社会转变，依靠传统血缘、亲缘维系的熟人社会、半熟人社会规则受到挑战。一方面，经济迅速发展使得人们的生活水平快速提高，城镇化速度不断加快，地域对人们的限制逐渐减弱，人们迁居到新环境生活的情况越来越多；另一方面，各利益群体间利益分化，多元价值观引发中国的信任危机，在法律和制度性信任还未建立起之前，传统的以血缘和私人关系建立起来的信任，已不能满足社会发展需要。

在中国“大杂居，小聚居”的民族居住格局下，中国社会发展、民族融合和城镇化进程不断加快，内蒙古自治区的城市内出现了汉族和蒙古族杂居的社区。各民族的风俗习惯、语言、文化、生活习惯等的不同，使其具有各自的民族特色，使汉族和蒙古族居民在日常生活的交流和互动中产生了一定的信任危机。信任是蒙汉杂居社区文化的诠释和民族融合的体现。

（二）案例描述

内蒙古自治区是我国最早成立的少数民族自治区，全境主要分布有汉族、蒙古族、满族、回族、达斡尔族、鄂温克族等55个民族。据2010年第六次全国人口普查数据显示，内蒙古自治区常住人口2470.6万人，其中少数民族人口505.6万人，占全区总人口的20%；蒙古族人口442.6万人，占全区总人口的17.1%（内蒙古自治区人民政府网，2015）。内蒙古自治区赤峰市是以汉族和蒙古族为主的多民族聚居城市，过去蒙古族居民主要居住在牧区。随着城镇化进程的加快，越来越多的蒙古族牧民离开牧区，到城市中购买商品房，将独具蒙古族特色的语言文字、风俗习惯和行为规范带到城市。居住在蒙汉杂居社区的蒙古族居民依旧保持着本民族特征。C社区是赤峰市新区2007年建成的商品房住宅区，社区内的蒙古族居民由于就业、就学等原因在此居住。

1.社区信任现状及影响因素

个体信任层面，信任认知决定信任态度、本民族间信任度高、居民信任期望大；人际信任层面，人际信任浅层化、以工具性信任为主、对社区工作人员信任度高；制度和文化层面，信任带有传统文化色彩、信任培养多源于社会制度。

蒙汉杂居社区信任的影响因素主要包括：个体信任层面，年龄越大信任度越高；居住时间的增加有助于提升信任度；持普遍信任态度居民的信任状况更好；高信任度的居民倾向认为他人也有高信任度；信任多依据个体经验判断。人际信任层面，密切的邻里交往增加信任度、较高的社区参与度提升信任水平。制度和文化层面，社区公约增加信任感、民族传统文化增加同民族居民间的信任度。

2.地区发展模式指导下的社区工作目标

地区发展模式中，过程目标的地位和重要性要超越任务目标，通过增加居民间的交往和互助，提高居民的参与感可以促进目标实现。

（1）过程目标

第一，增加居民间的人际互动。通过社区和小组活动的开展，为蒙古族和汉族居民创造沟通交流的平台，扩大人际互动范围，提高人际互动频率。

第二，提高社区参与感。通过参与社区活动和解决社区问题，提高社区居民的融入感、自豪感和参与感，增强社区凝聚力。

（2）任务目标

第一，增加民族认同度，提高汉族和蒙古族居民对彼此文化的了解和认同，减少民族间的距离感。

第二，完善社区规章制度，规范社区居民的行为，提高社区制度和文化的认同感，从而增加社区的信任水平。

3.最终目标

通过增加居民间的交往、互助，提高居民的参与感，实现社区居民信任提高，最终推动社区发展。

（三）干预过程及效果

1.基本策略方针

地区发展模式采用的策略主要集中于推动社区成员的参与和互助合作，改善沟通合作的渠道，更好利用社区资源，解决现存的社区问题。本方案中的策略主要为：

（1）挖掘社区资源，动员蒙古族和汉族居民参与社区交往和活动，增进居民间的熟悉、交往和沟通，向信任度高的社区寻求经验支持，促使居民持续参与，增加信心。

（2）通过组织居民小组、社区组织，增进蒙古族和汉族居民间的人际交往，建立互动网络。在人际交往中增加互惠和信任，增加居民的归属感和融入感。

（3）动员蒙古族和汉族居民参与协商解决社区公共问题，共同建立社区制度，形成社区文化，营造良好社区的信任氛围。

2.社会工作介入

（1）组织民族文化互动小组

人际互动可产生互惠，增加信任。当前C社区的汉族居民和蒙古族居民交往范围限制在本民族内。由于本民族间的文化、语言、文字、行为习惯等具有相似性，他们在本民族群体中更易获得认同和归属感。而汉族居民与蒙古族居民由于民族不同，相似性较少，所以两个民族居民间的互动行为较少，信任度较低。开展民族文化互动小组，既能满足汉族居民学习蒙古族文化的需求，又能满足蒙古族居民传播民族文化的需求。通过相互学习达到互动效果，在互动中产生互惠和信任，同时提高居民对信任的认知。具体步骤如下：

第一，招募小组成员，包括有传播民族文化的蒙古族居民和学习蒙古族文化的汉族居民；第二，与社区居民沟通小组安排，制定小组进程；第三，与社区居委会沟通，协助解决场地和所需设备；第四，给蒙古族居民教授歌舞的足够空间，在保证教学顺利进行的前提下，调动汉族居民的学习热情；第五，根据小组开展情况，增加文化交流会、民族文化展览等形式多样的小组活动，为汉族居民和蒙古族居民提供文化交流和展示的平台。不论是语言、文字、歌舞，使居民了解对方的民族文化，从而增加了解和认知，在互动增加的同时增加社区的信任。

（2）发展社区组织

参加社区组织的居民普遍能够和组织内的其他居民形成稳定的社区关系网络，进行密切的人际交往和互动。社区组织成员对组织内居民的信任度普遍高于组织外没有交往和接触过的社区居民。为此，培育社区组织是提升社区信任的重要途径。具体步骤如下：

第一，与社区工作人员协商，了解目前社区组织的类型、数量、人员构成和社区组织负责人相关信息；第二，与社区组织负责人沟通，了解目前社区组织的发展情况及利益诉求；第三，发挥C社区的资源优势，利用社区广场，为社区组织搭建展示平台，展示每个社区组织的特点，吸引和鼓励居民参与；第四，发动社区骨干力量，组织社区骨干在社区居民中动员宣传，招募组织成员；第五，发掘社区骨干和有才能的社区居民，建立形式多样的社区组织，扩大社区组织的范围和影响力。通过扩大社区组织规模，提高居民的社区组织参与度，增加社区居民的人际交往，提高社区整体的信任水平。

（3）制定社区公约

社区规则和制度体系有助于减少人们的交往风险、增强信任感。社区公约是社区制度最直接的表达方式，是社区居民必须遵守的制度和约定，对每个居民有同等的约束力。发动社区居民广泛参与社区公约制定，具体步骤如下：

第一，在社区展板和微信公众平台上发布召开社区公约制定讨论会的通知，邀请社区居民参与；第二，社区居委会工作人员是过去社区公约的制定者，有一定的影响力，邀请社区居委会工作人员参加，保证真实性；第三，通过社区微信群开展社区公约的宣传和普及；第四，召开社区公约制定研讨会。会后总结经验教训，为将研讨会方式推广到其余社区公共问题解决做准备。通过调动社区居民参与，有利于社区公约中有关信任条款的落实，继而营造良好的社区信任环境。

三、案例使用说明

（一）教学与训练

1.理论知识

（1）社区、社区工作的内涵。

（2）社区工作的方法。

（3）社会工作的专业技巧。

（4）地区发展模式。

（5）信任理论。

2.能力训练

（1）学会如何根据社区具体问题，灵活设计介入策略和服务方案。

（2）学习如何在服务方案中融入社会工作价值观念。

（3）学习运用定量研究方法分析社区资源、优势以及问题等。

（4）学习将个案工作、小组工作以及社区工作方法有机整合，灵活运用。

（5）学会对社会公正的思考以及社会工作专业本身的反思。

（6）提高文化理解力和敏感性，有效回应社区中存在的文化差异和多样性。

3.价值观讨论

（1）社区发展最终要依靠社区自身的力量与资源，而不是仅依靠外部力量与资源解决社区问题。

（2）社区工作者不是专家，不是仅给社区居民提供服务，而是与社区居民同行，共同商议解决社区问题。

（3）社区的点滴改变是一个过程，需要运用社会工作的多种专业方法不懈努力才能实现。

（二）思考题

1.如何理解信任在社区发展中的重要性？

2.如何对蒙汉杂居社区的特点进行全面分析？

3.如何针对社区信任现状，设计专业社会工作的介入方案。

4.本案例采用了什么样的社会工作介入策略？

5.请分析本案例中社会工作介入策略成功的方面及原因。

6.请分析本案例中社会工作介入策略暂时失败的方面及原因。

7.结合本土实践经验，丰富和发展地区发展模式的理论与实践。

（三）讨论与分析

1.分析与知识点梳理过程

案例分析的基本思路是将案例相关的材料，通过教师实现设计的提问逻辑引导和控制案例讨论过程。该案例分析的基本逻辑是：

（1）社区的信任状况不仅影响居民的安全感和幸福感、邻里交往状况、社区建设和发展情况，还直接关系和谐社区建设和社会主义和谐社会发展，特别是在汉族和少数民族杂居社区，信任显得更为重要，这关系到该地区的民族和谐和社会发展。

调研发现，社区居民普遍认识到信任的重要性。但存在以下问题：本民族间信任度高，不同民族间信任度低；人际信任浅层化；以工具性信任为主。C社区作为典型的蒙汉杂居社区，蒙古族独特的语言、文化、风俗习惯等是社区文化的独特之处，但增加了汉族居民与蒙古族居民间的交往距离，阻碍了两个民族居民间的沟通交流和融合发展。主要表现为不同民族居民间的人际互动频率较低，人际信任水平低。邻里交往和社区参与是影响信任的重要因素。因此，增加邻里交往和提高社区参与度能够增加信任。此外，居民对社区公约的认同和遵守也能提高其信任水平。

（2）制定社会工作干预目标时，运用了地区发展模式。此模式主要适用于社会变迁过程中社区存在的归属感、认同感较差，社区参与不足、社区组织欠缺等问题。C社区居民普遍认识到信任的重要性，并期待未来社区的信任水平相较于现在有所提高。提高社区信任度是居民普遍的诉求和期望。在分析C社区信任现状和影响因素的基础上，运用地区发展模式，通过促进汉族和蒙古族居民间互动，增加居民对不同文化的了解和认知，鼓励居民广泛参与社区活动和讨论解决社区问题，进而增加C社区的信任水平。

（3）运用何种具体的社会工作手法达到上述目标？是否有针对上述社区的现成的可资借鉴的经验？社区究竟应该发生怎样的改变？改变如何能够实现？这是我们讨论任何工作的出发点以及评估工作的核心目标。

2.理论依据

（1）信任理论

西美尔在《社会学——关于社会化形式的研究》和《货币哲学》中对信任的研究，开创了社会学领域研究信任的先河。他在《货币哲学》一书中阐述了他的社会学思想：强调社会交换和社会关系。认为社会产生于人的社会化和人与人的社会关系之中，而交换创造了社会关系，是最简单、最纯粹的社会化形式之一。人们的交换方式由原始社会的物物交换，逐步发展为经济社会的货币交换。与此同时，也产生一种用以保证交换价值的具有过渡性质的媒介——货币，它的出现是人们对经济社会的信任。经济社会中只有买方和卖方的双重信任，才能保证交换行为的顺利进行（周治伟，2006）。

而交换不仅仅存在于有货币出现的经济领域，西美尔认为社会交往本身也是一种交换，人与人之间的每一次互动可看作一次交换。只是互动中交换的不仅是相对价值，而且还有互惠。互惠是人类关系得以发展的重要因素。信任也是发展人类关系的一个重要条件。如果社会互动中缺乏一般信任，那么社会交往和社会就不能形成。因此，他在著作中这样描述信任的价值："离开了人们之间的一般性信任，社会自身将变成一盘散沙。"

但社会中很少有关系能建立在对他人的准确认知的基础上。如果能够准确认知他人，就不需要信任（他人）；如果对他人没有任何认知，从理性角度上讲，根本不可能产生信任。西美尔认为，信任是根据过去事物，对未来行为举止的假设，建立在对一个人的知与不知之间（西美尔，2002）。因此，个体对他人产生信任带有较强的主观性和非理性。缺少理性证据和个人经验，信任也不能得到维系。

西美尔还认为社会从传统转向现代，社会中的信任类型也从人格信任转向以系统信任为主（周治伟，2006）。在较为原始、传统的关系中，人们对置信对象在个人人格方面有较高程度的了解后才会产生信任。但随着社会发展，各种传统制度、环境、文化和个人紧密联系在一起，变得十分稳固和牢靠。人们对他人只需要知道他所在的系统的、制度的、环境的和文化的某些外在特点，就能判断出是否能够产生信任。

在有关城市社区信任研究中，学者从社区居民间信任、社区居民对社区工作人员的信任和社区居民对组织的信任三个方面对城市社区的信任现状进行研究。对社区居民间信任研究从特殊信任和普遍信任两个维度进行（李彧钦，2010）。学者用13个指标对城市居民的信任度进行测量，将城市社区居民的信任分为普遍信任、一般信任和特殊信任（胡荣，2006）。有学者对城乡接合部的信任状况从特殊信任、普遍信任和制度信任三个方面进行研究（高敏，2011）。

有关城市社区信任的影响因素研究中，发现户籍身份对居民信任水平的影响。在其他条件不变的情况下，没有本地户籍的居民的一般信任、普遍信任和政治信任水平低于拥有本地户籍的居民（汪汇、陈钊、陆铭，2009）。在对嘉兴市城市社区信任的研究中，发现人际密切程度与信任程度存在正相关。促进信任途径单一、封闭式住宅阻碍和社区居委会工作不到位是导致居民信任度不高的原因（余新蕾、朱海伦，2017）。在社区信任建构中，各类社区组织、群体和个人发挥重要作用，社区工作人员是建构的主体（朱伟，2011），社区工作人员角色和行为的转变有助于社区信任的建构。社区形象和社区服务质量推动了社区公众形成信任（易婧等，2016）。社区信任建立在社区关系网络之上，社区空间特征、居民的社区归属感、居民对社区的熟悉程度都会对社区信任产生影响。同时，也与个人观念、经历，社区声望及社区集体记忆有关（方亚琴，2015）。

（2）地区发展模式

地区发展作为一种专门的社区工作方法，源于1947年美国印第安纳厄尔翰学院威廉·毕都（William Biddle）教授的“社区活动”（community dynamics）项目（夏建中，2009）。联合国在1955年出版的《通过地区发展促进社会进步》一书将其定文为：“地区发展可认为是一种经由全社会居民积极参与，并充分发挥创造力量，以促进社区经济与社会同时进步的工作过程。米尼克莱尔也认为：“社区发展是一种社会行动的过程。在此过程中，社区居民首先要自己组织起来，找出他们的共同需要与问题，拟订他们的共同计划以演足需要与解决同题，在运作这一计划时，尽量运用当地社区的资源，必要时，由政府或其他社团协助（Louis Miniclier，1956）。

地区发展模式强调过程目标，旨在社区中建立良好的人际关系，注重居民能力的提升以及自我管理意识的提高（马慧，2017）。促进社会网络的建立、增加居民间的互动和交往、改善邻里关系、居民和团体间重建紧密联系、使居民认识到社区参与的重要性、居民对社区更加信任和投入（王思斌，2011）。社区工作者为促进社区发展，一方面，应多组织一些符合当地风俗习惯、居民参与积极性高的公益活动，以此加强居民间的联系，同时在活动过程中注意社区人才的挖掘；另一方面，应在社区中成立兴趣小组或互助小组，使更多居民参与社区生活中就要借助社区中的特定事件，把广大居民的注意力吸引过来，从而采取行动解决社区问题（徐永祥，2004）。

地区发展模式以社区居民参与团体讨论的方式研究社区问题，特别重视发动社区内不同团体及人士进行广泛参与，希望社区居民通过互动的方式获得社区能力提升和整合，改善社区关系，增加社区归属感。社区工作者通过推动社区内居民的广泛参与、互助合作来协助社区居民获得社区共同利益。

四、案例使用要点

本案例分析关键在于把握蒙汉杂居社区信任的特点、社区信任中面临的问题以及如何提升社区信任。因此，教学中的要点是：

（一）分析蒙汉杂居社区信任的特点。

（二）分析蒙汉杂居社区信任提升面临的问题。

（三）从社区工作视野寻找社区信任提升和社会工作介入的结合点。

（四）如何提升社区信任？

五、教学计划与建议

（一）教学计划

本案例的课堂计划可以根据学生的差异，尤其是对案例的阅读和课前对相关知识的掌握进行有针对性的施教。本案例课程主要按照4课时进行设计。

A计划：适用于两种情况，学生事先预习到位，但实务经验不够丰富，学生课前预习不一定完成得很好，或学生之间的实务经验相差较大。因此，在这两种情况下，案例讨论过程中需要教师引导的内容相对较多，将重点放在社会工作项目推行和步骤部分。

B计划：学生有相对比较丰富的社区工作经验，教师可根据案例进行细致布置，让学生分组讨论和总结案例，课堂PPT汇报并与同学交流，教师总结提升，将重点放在该社区的发展方向以及什么是发展等的反思上。

课堂教学详细安排计划表如下：

A计划	B计划
课前阅读相关资料和文献：3小时 《关于进一步加强民族工作加快少数民族和民族地区经济社会发展的决定》（中共中央、国务院，2012）；《货币哲学》（西美尔，2002）；《信任：社会道德与繁荣的创造》（福山，2016）；内蒙古自治区赤峰市C社区基本情况介绍等 课堂安排：2课时（90分钟） 案例回顾：10分钟 集体讨论：20分钟 课堂交流：40分钟 知识梳理总结：20分钟	课前阅读相关资料和文献：3小时 《关于进一步加强民族工作加快少数民族和民族地区经济社会发展的决定》（中共中央、国务院，2012）；《货币哲学》（西美尔，2002）；《信任：社会道德与繁荣的创造》（福山，2016）；内蒙古自治区赤峰市C社区基本情况介绍等 小组讨论：1小时 课堂安排：2课时（90分钟） 课堂汇报展示：60分钟 知识梳理总结：20分钟 问答与机动：10分钟

（二）教辅手段或工具

计算机、大白纸、彩色笔、移动话筒等。

（三）教学监测和评估

为了确保案例教学过程能促使教学目标的达成、延伸以及教学质量提升，学生分小组完成课后以及课上的相关作业。选出组长负责统筹监管，要求任务分工具体。

每个小组的主要任务包括：

1.课前阅读相关资料和文献，要求写出文献报告。

2.讨论案例。

3.制作PPT。

4.每组选出一名代表汇报。

5.每人撰写一份服务方案。

（四）案例使用注意事项

本案例适用于“社区服务与社区发展”，也可用作“高级社会工作实务”“社会服务管理”等课程的辅助案例。若将本案例用于其他课程，则需做调整，本案例使用说明可供参考。

妇女生育健康服务

——以金巴基层妇幼保健员培训项目为例

吴雨桐　杨　静

一、课程基本信息

（一）教学目标

通过《妇女社会工作》课程的学习，使学生了解妇女社会工作的内涵及意义；了解妇女社会工作的内容；掌握妇女社会工作相关的理论、价值观和方法；培养学生服务妇女的理念和责任感，训练学生从事妇女服务的能力，学会运用妇女社会工作的方法，提高妇女能力，赋权于妇女，整合妇女服务资源，从而帮助妇女完善自我、获得社会发展，并推动社会公正。

本案例以金巴基层妇幼保健员培训项目为载体，了解和分析其妇女生育健康服务的工作理念和方法，训练学生学习、分析、评判的能力，引导学生思考什么是“专业”性，拓展学生的视野，进一步增加其对本土性妇女社会工作的理解。

（二）教学主题

妇女生育健康与服务。

（三）教学内容

了解健康、生育健康、妇女生育健康等基本概念；掌握社会性别理论、赋权理论，学会用社会性别视角分析案例；学习金巴妇幼保健员培训项目具体内容和工作方法。

（四）教学对象

1.社会工作专业本科生及研究生高年级学生，对项目执行和妇女社会工作有一定了解。

2.女性学专业本科生。

二、案例主体

（一）案例背景

青海省玉树藏族自治州，以下简称“玉树州”，位于我国西部青藏高原腹地，“三江源”（黄河、长江、澜沧江）源头，平均海拔4200米以上，北与青海省海西蒙古藏族自治州相连，西北角与新疆的巴音郭楞自治州接壤，东与果洛藏族自治州互通，东南与四川省甘孜藏族自治州毗邻，西南与西藏自治区昌都市和西藏自治区那曲地区交界。玉树州藏族占据全州人口的98%（玉树州2018年国民经济和社会发展统计公报，2019）为全国少数民族人口比例最高的自治州，藏语是当地主要语言。玉树州因地处中原通往西藏唐蕃古道的要冲，是全国藏传佛教寺院最多、教派最齐全的地方，僧人有很高的社会地位。

一直以来，由于玉树州特殊的地理位置、高寒缺氧、气候恶劣、山高谷深、交通不便、信息闭塞以及历史文化等原因导致其经济、卫生、教育、社会保障等发展相当滞后。近十多年来，随着我国经济快速发展以及国家对西部地区投入力度不断加大，玉树州的贫困状况得到改善，但一些偏远地区的基础设施、教育、医疗卫生、社会保障等事业的发展底子薄、起步晚、一些历史遗留问题仍未解决。特别是位于最偏远、地域最广阔的农牧区，大部分的百姓过着游牧生活，逐水草而居、靠牦牛为生，加上其恶劣的生存环境和简陋的生产生活条件，使得百姓的生活极为贫困。

据2018年国家统计局数据显示，青海省生产总值（GDP）2865.23亿元，在全国排第30名，仅高于西藏。排名第一的广东省生产总值（GDP）97277.77亿元，青海省GDP仅占广东省GDP的2.94%（国家统计局，2018）。同年，玉树州生产总值53.61亿元，仅占同期青海省生产总值的1.8%。玉树州城镇常住居民人均可支配收入32949元，村常住居民人均可支配收入7808元。目前，玉树州下辖玉树一市，称多、囊谦、杂多、治多、曲麻莱五县，有四个县为国家级贫困县。

由此可见，贫困问题一直是玉树州历史发展过程中的难点和痛点，反贫困工作也是政府工作的重中之重。自20世纪90年代以来，除了政府外，也不乏一些以改善农牧区的生活状况为目标的社会组织，在玉树州贫困的状况下孕育而生，作为民间力量投入反贫困的事业中。玉树州金巴慈善会，就是典型的代表。

玉树州金巴慈善会（以下简称“金巴”，由藏语音译而来，意为“布施”“慈善”）最早于1996年，由会长扎西才仁投入900元的启动资金，成立的一个公益慈善社会团体组织。2002年9月，组建成立金巴慈善会驻玉树项目办公室。随着金巴工作不断得到认可及政府的支持，金巴的社会影响力和工作范围不断扩大。2005年3月，在相关政府及社会各界人士的关心和帮助下，经民政部门的批准，正式成立了“玉树州金巴慈善救助会”。后因救助已不再作为金巴工作的重心，于2017年更名为“玉树州金巴慈善会”。机构秉持“心满善念地道亦贤善，心若恶念地道亦卑劣，一切皆须观待己心念，是故精进恒持心善念”的工作理念，并将这种理念融入日常生活和工作中。

组织宗旨：遵守法律法规、拥护国家政策、维护道德风尚、尊敬宗教文化，尊重民俗文化、保护生态文化，充分发挥社会组织的特殊作用，积极为基层农牧区群众进行公益服务，协助其他友好社会组织，相互促进，共同为社区综合发展及生态文明建设贡献力量。

组织愿景：减少贫困，提高基层农牧民的生活和生命质量。

组织使命：通过生态友善型可持续性项目，带动社区综合发展。

组织业务范围：基础设施建设、医疗卫生、健康教育普及、基层妇幼保健培训、社区可持续生计与生态环保以及弱势群体的生活救助。

目前，金巴共有8名工作人员，7名藏族，都来自玉树州，1名回族，来自西宁。工作人员中有一半以上是熟知藏、汉、英文三种语言的知识青年。

金巴在近二十年逐渐从一开始为农牧民提供慈善服务的社会团体组织发展为一个关注可持续生计和环保的综合性发展机构。

（二）案例描述

在玉树州百姓面临物质生活、教育、医疗卫生、生态等社会问题中，金巴以解决农牧区牧民的健康问题为切入点，尤其是基于妇女生育健康问题来开展工作成为金巴工作的重点。

20世纪90年代，由于当地政府资金匮乏，对医疗卫生事业的投入较少，导致基层卫生医疗体系不完善，缺医少药问题严重；玉树州特殊的地理环境、山高谷深、交通不便、牧民因为游牧生活，居住分散，使得就医极为困难；牧民大多是文盲或半文盲，缺乏对疾病的认识和健康自我保护意识，加之生活条件较差，使得个人卫生习惯较差；在医疗资源急缺的情况之下，因收入、社会地位、受教育程度、性别的自然分工、文化等原因，藏族妇女们健康服务的可获得性和可及性极差，而在生育健康、妇科疾病和性健康问题上存在着“沉默文化”，这种具有隐蔽性的文化因素也直接影响了妇女的健康状况。值得一提的是，藏语中有“一个帐篷里一定有一位母亲”的谚语，这说明妇女是藏族家庭日常生活中主要的劳动力，是经济和生活的生产者。但大多数妇女在患病之后，因缺乏对疾病的认识，为了维持家庭的正常运转，能忍就忍，能拖就拖，日积月累小病拖成大病，最后危及生命。

妇女健康的问题，尤其是妇女生育健康服务问题，则突出表现在农牧区较高的孕产妇和新生儿死亡率上，这一发现源于金巴在偏远牧区修建吊桥、引水、学校等基础设施建设过程中经常听到妇女因生产而丧失生命的悲剧。扎西才仁会长曾说：“那时候有一个妇女快生产了还在放牛，孩子生出来了，要剪脐带，身边什么东西都没有，就自己拿了旁边的石头，用力地砸脐带，把脐带砸断；大概十五年前，一个妇女生孩子的时候生不出来，他丈夫就直接用刀，把妇女的肚子剖开，把孩子救出来了，结果妈妈死了！”“九零年代牧区妇幼健康知识为零，传统的接生，一般是先把牛粪、羊粪铺上，然后再放上毯子或者羊皮、牛毛，最后把产妇放在上面生产，让血流进牛粪、羊粪里。每100个孕产妇中就有20—25个人在生产时难产，其中包括孕产妇死亡数、新生儿死亡数。以前藏族妇女生孩子就跟动物一样！那些牛羊，生崽的时候，自己生了出事了，也没有谁能帮它，就这样死了。对怀孕的藏区妇女们来说，生孩子这件事情就成为她们人生中最大的苦难，就像打一场战争，可能随时面临死亡的危险。因为第一，她们从来没有做过什么检查；第二，怀孕的时候，也没有产检；第三，没有接生员。”因此，偏远牧区的新生儿和孕产妇的死亡率极高问题，引起了金巴工作人员的极大关注，也成为今后妇女生育健康服务工作的重点。

（三）干预过程

金巴妇女生育健康服务工作过程，主要分为以下几步：

1.识别问题——确认是否重要和急需

金巴自1996年就开始关注牧区的医疗卫生状况，随后也想办法修建了一些便民诊所，送医送药，但渐渐地金巴发现这些办法是杯水车薪，牧民看病，对医疗需求的问题无法从根本上得到解决。同时，牧区孕产妇和新生儿死亡率较高问题的发现，刺痛着金巴工作人员的内心，因为金巴工作人员均是来自基层牧区，他们当中有人曾亲身经历过或听闻过自己的母亲姐妹，由于缺少接生员，没有医疗条件和技术难产或死亡的痛苦。随着国家西部大开发计划的提出、“三江源保护”计划的实施，政府在基础设施建设的投入开始不断加大，金巴工作人员随之减少了之前在基础设施建设方面的工作，痛定思痛，下定决心寻找解决妇女生育健康问题的办法。

2.识别问题产生的原因——找准突破点

在找到了妇女生育健康问题的切入点后，金巴与当地政府成员组成调研组，深入牧区了解当地的地理环境、人口分布、医疗卫生、妇幼保健水平等状况。经过无数的实地走访调查和研究，发现了造成农牧区孕产妇和新生儿死亡率高的原因：

第一，玉树州地区土地面积广大，牧民居住分散、人口密度低、山高谷深、交通不便，90年代的牧区，牧民大多过着游牧的生活，藏族妇女早婚、早育、多孩，妇女们的生育行为完全是自然性。藏族人信仰佛教，不杀生，怀孕后更不会选择堕胎，产后缺少保健，加上牧民就医困难，卫生所只在较大乡镇或牧民聚集的地方才有，一些偏远地区主要靠医生一年两次巡诊。

第二，当地政府对医疗卫生的经费投入严重不足，农牧区医疗条件差，缺医少药是常事，医疗资源急缺，尤其是医护人员结构中，基本都是男性，传统藏医大部分是僧人，因此99%的妇女们不会去看病，有了病只能自己“忍”着，即便去看病也绝不说妇科方面的不适。

第三，农牧区多为传统藏医抑或赤脚医生，未接受过正规系统的医疗培训，更没有接受过妇幼保健的专业知识技能及接生技术方面的培训。即便有受过专业培训的大学生或是有知识有技术的医护人员，能留在农牧区的更是“凤毛麟角”。

第四，因为交通不便和经济贫困，农牧区妇女怀孕生孩子时大多选择在家分娩，加上受思想观念和传统习俗影响，藏族妇女极其害羞，男性藏医也很少替妇女接生，生产时一般由母亲或姐姐等女性接生，旧的接生方式：如蹲着、在畜圈内生产、自产自接，用未经过消毒的石头砸、牙齿咬等、对脐带不进行包扎，易造成孕妇和新生儿的感染、存活率低，以及妇女妇科疾病多发。正是因为缺乏基本医疗卫生、产后调养、护理保健等，使得母婴不安全因素大大增加，威胁着妇女儿童的生命健康。

通过调查寻找问题产生的原因，金巴认识到解决妇女儿童生命安全和健康问题的关键，绝不是送医送药，而是培养妇女儿童身边“用得上”“下得去”“留得住”的医生，才能从根本上解决妇女生育健康困难的问题。

3.识别服务对象——谁才是最需要的人

显然，在牧区孕产妇和新生儿死亡率高的问题上，妇女儿童最需要的是身边有接生技术且懂得妇幼保健知识的医生，但牧区医疗资源和人员配备有限，医护人员技术欠缺，恶劣的生态环境，导致医生流失严重，其中很多人没有从医资格，有的村里的兽医既医牲口，又医人。因此，培养妇女儿童身边“用得上”“下得去”“留得住”的医生成为关键。而谁又能为这些妇女儿童提供帮助呢？培训资源应该给谁？

2000年，金巴第一次尝试对乡村医生进行妇幼保健的专业培训，却未达到预期效果。主要是乡村医生中男性占了一半以上，男女同时培训，女性比较害羞尴尬，效果不佳；对已有编制的乡村医生来说，培训只提高了他们个人在妇幼保健方面的知识和技术，却很难树立为妇女服务的意识；具有较高医疗技术水平的人才，遇到好机会也会很快地流失；牧区卫生所空有编制却无人在岗的情况经常发生，无法保证能为农牧区妇女提供可持续性健康服务；在偏远牧区，为妇女接生和妇科疾病提供健康服务，男性村医的身份仍是一大障碍。因此，从基层贫困牧民家庭中选拔女性并将她们培养成妇幼保健员的想法便产生了。牧区女孩，她们从小在牧区长大，了解牧区的日常生活和习惯，也能体会到百姓的困苦。她们相较于牧区男性的流动性比较低，大多希望能有一个稳定持久的生活，更重要的是她们女性的身份对于将来为妇女接生，提供妇幼保健信息以及为妇女看病服务提供了极大的便利。

4.项目为载体落实计划

在这些想法不断完善和补充的基础上，“基层妇幼保健员培训”项目逐渐成形。从2002年开始，金巴与政府的合作，向由社区干部推荐、村民认可、金巴面试的方式从基层普通的牧民家庭中选出的家庭贫困、爱学习、品德较好的女性，提供免费的妇幼保健知识等相关内容理论和实践的培训。三年培训毕业后，她们可获得由教育局认可的中专毕业证，同时她们需要按照三年之前签订的协议，回到牧区，为牧区妇女提供接生、妇幼保健以及疾病预防等方面的服务至少十年。金巴明白政府财政困难、贫困限制着百姓参与决策的机会和能力，一味地给予，容易使大家产生“等、靠、要”心态，所以整合社会资源，动员多方参与，建立多方共同参与决策和实施机制，促进政府和贫困人群自我意识的觉醒和参与的主体性。多年来，金巴形成了一套完善的项目运作与管理机制，保证了具体的工作落实、责任落实、政策落实。

（1）项目实施前，共同商议，明确事权

在金巴项目的实施前期，有较为细致的准备和沟通，在“基层妇幼保健员培训项目”中：

首先，金巴通过实地调查分析有了解决方案后，将项目书递交给项目资助方，并及时将调查状况汇报给当地政府，引起当地政府重视。与政府共同探讨基层妇幼保健员培训的可行性。例如，了解政府的规划，向政府征询在五年之内是否有与妇幼保健员培训或是医疗卫生相关的计划。若政府有规划，金巴就不再实施，避免造成资源浪费。

其次，项目资助方再次对项目的价值和意义进行细致的评估，提供修改的建议以及资金支持。

最后，在金巴、政府、资助方共同协商的情况下完善项目，政府与金巴共同制订实施方案和具体的合作细节，明确各自的责任，提出政策建议和意见。同时与玉树州、县、乡、村的相关部门、妇幼保健员之间签订项目协议，明确规定各自的职责和义务，各司其职。

- 政府——参与项目管理程序，给予行政支持，提供政策保障。政府从州一级下发相关的文件到县、乡、村，各级部门给予金巴在基层项目活动行政上的支持，并让政府官员参与项目，对项目进行监督，另外还需保证能在妇幼保健员毕业之后给予中专毕业证书、提供就业岗位、一定的经济补贴以及后续的管理工作。

- 妇幼保健学员——三年培训期间的食宿费、交通费和学费全部由金巴承担，妇幼保健员需要在家人的同意下，签订相关的项目协议（八份）①，以保证培训结束后，能够回到家乡服务至少十年。
- 金巴——负责项目的具体实施和安排，为项目实施链接资源，如三年培训的资金、培训场地、师资、教材等。项目结束后，金巴拥有五年的项目评估和监督权，并对政府与妇幼保健员的工作状况进行监督。这也说明协议的签订，在一定程度上成为金巴督促各方实现承诺的重要依据。

（2）项目实施中，公开、透明管理

在经过当地政府、资助方以及当地百姓的同意后，受益村的牧民、政府官员、资助方、金巴工作人员四方，以参与式的方式选举项目管理委员会，成立项目领导小组，落实项目，并监督项目进程，力争做到项目实施公平、公开、透明。例如，金巴会深入玉树州每个县、乡、村与当地乡村领导沟通，并通过在村里开展健康教育的宣传活动，让牧民明白选举妇幼保健员的原因、意义、选择标准，然后交由当地牧民和政府共同选出牧民认可和信任的妇幼保健员学员参与培训，激发牧民群众主动参与的意愿和积极性。与此同时，加强各方的紧密沟通，了解项目进展状况。

（3）项目实施后，跟进与后续管理

- 妇幼保健员——三年培训结束后，通过考核的学员能够拿到青海省教育厅检验颁发的中专毕业证书和金巴为其所配备的医疗用具。同时，按照协议妇幼保健员需回乡服务至少十年。
- 政府——对妇幼保健员就业问题进行安排，提供相应的补贴，帮助妇幼保健员在社区发挥其自身的优势和作用。至此，金巴将项目的实施成果

---

① 妇幼保健员项目相关协议有八份，包括妇幼保健的学员家长与村社、村社与乡政府、县卫生局和金巴、妇幼保健学员本人与金巴、学校与金巴、民政局与金巴、教育局与金巴之间的协定。

交由当地政府和群众进行管理和监督。

- 金巴——项目结束后对培养结果进行评估，履行其“对项目5年的跟踪评估和监督的权利”，一方面考察学员是否回村服务，学员的服务质量、医德医风，是否树立了预防为主、卫生为主、宣传为主的观念。若发现学员未按照协议的要求回村服务十年，而是改行或在外地行医的，金巴会按照之前所签协议严格追查责任。另一方面则评估当地是否按照协议的要求，为学员安排岗位并提供补助。若当地政府没有执行，金巴会继续想办法督促当地政府履行承诺，落实对妇幼保健员的安排。

正是在这样一套完善的项目运作机制下，才能使妇女健康问题得到根本的解决并具有可持续性，能让百姓真真切切地感受到所带来的改变和实惠。更是为金巴的发展奠定了扎实的群众基础，赢得了百姓和政府的认同和赞扬。

与此同时，整个项目执行的过程中，金巴尤为注重立足本土文化，小心借鉴外来知识，创造本土经验。金巴工作人员大多为藏民，具有非常强烈的民族自信心和自豪感，藏族文化与本土文化知识已经融入他们日常生活和工作中。但他们面对具体问题时，不会故步自封，而是积极与外界交流和沟通，寻找解决问题的办法。面对外界给予的纷繁复杂的建议和意见时，他们立足本土文化和知识，从民族文化中汲取养分，小心借鉴。当学到一个新知识和观念的时候，他们通常会有两个方面的考虑：第一，是否适合藏民族的文化、经济、当地的情况以及是否能满足牧民现实的需要？第二，怎么样才能把吸收到的理念知识，转变为贴近牧民的在地知识，将其运用到工作当中？例如，开展基层妇幼保健员培训时，接受培训的学员普遍文化水平较低（大部分是小学或半文盲的水平），已有医学相关知识晦涩难懂，无法让她们直接学习。没有藏文健康教育教材，金巴聘请了相关领域专家，结合藏族民族特点，编写了一套科学、规范、图文并茂、通俗易懂的藏文教材，如《妇幼保健常识》《人体结构与功能》《基础卫生常识》等，这些书籍填补了藏区医疗卫生事业的一项空白。又如，藏族人日常生活中，唐卡是必不可少的，过去唐卡上的画像主要是藏族人信奉的佛祖或是一些佛教故事中的人物，是藏民朝拜的对象，游牧生活中这种卷轴式唐卡容易携带。金巴就在具有浓郁藏民族特色的唐卡上，印上了图文并茂、通俗易懂的健康知识，将其作为传授健康知识的工具。正是因为金巴善于挖掘在地知识，文化和资源，并将这些“生于斯、长于斯”的日常生活中的智慧，运用到了具体的工作当中，才创造出最贴近牧民的需要，最具有生命力的妇女生育健康服务经验。

（四）干预效果

自2002年起，在“基层妇幼保健员培训项目”推进过程中，金巴不仅看到了牧区孕产妇和新生儿较高死亡率及妇女生育健康问题的严重性，更深刻体会到培养妇幼保健员的必要性和重要性。以至于在此后八年的时间里，金巴将基层妇幼保健员培训拓展到了玉树州的六个县，从每个县挑选50名妇女培养成妇幼保健员。直至2010年，玉树州六个县共培养了300余名妇幼保健员，使她们最终成为牧区“用得上”“下得去”“留得下”的妇幼保健员，成为服务于最基层妇女和婴幼儿的天使。这些妇幼保健员通过不懈努力的工作，不仅有效地降低了边远牧区孕产妇和新生婴儿的死亡率，而且补充和完善了乡村卫生医疗体系，填补了政府在妇幼保健服务方面的空缺，从根本上解决了妇女和牧区看病难的问题，达到了治疗和预防的双重目的，撑起了牧区妇女儿童健康的一把保护伞。这些妇幼保健员在金巴后续面向农牧区的“基层健康教育普及项目”和“学校卫生保健中心建设项目”中都发挥了重要的作用。

同时，这些女性通过妇幼保健员的培训，掌握了一技之长，也靠自己的力量，摆脱了所处的困境。目前，有的女孩在村乡或县里当了妇幼保健员，在村子里开了自己的诊所，有了稳定的收入，有的女孩继续深造，自考大专、本科，有了更多的发展空间和平台。培养妇幼保健员，让藏区传统社会中以持家、养家、放牧居家为中心、大字不识的藏族妇女，有了学习的机会，个人意识开始觉醒、个人能力得到提高，让她们从一个生活中被动的弱者，变成主动的强者，具有了掌控自己生活的能力，让她们在社区、学校、家庭承担着作为医生、妇幼保健、健康教育、学校教师的重要作用，让她们在只有男性藏医的传统社会中脱颖而出，让大家认识到藏族普通妇女参与社会的价值和作用。除此之外，妇女通过自己的努力，摆脱了贫困，从此改写了命运。基层妇幼保健员的培训，成为金巴妇女生育健康服务过程中一个重要的里程碑。

最重要的是金巴做事的前瞻性和战略性。金巴在二十多年的摸爬滚打中形成了自己的工作格局、工作方法、工作作风，使其具有大局观和战略眼光，更深刻地认识到没有政府和百姓的支持，是行不通的。例如，金巴从一开始就认识到自身能力的有限性，在玉树州的大环境下，只有紧密跟政府合作，才能将钱花在刀刃上，以最小的投入实现最大的社会利益。同时善于结合当下实际情况，对工作重点做出判断。金巴明白要让百姓受益，使服务得到落实，维持可持续性，做有效的政策倡导，必须纳入政府的政策和工作范围。在基层妇幼保健员的培训中，与政府签订合作协议，保证被培训后的妇幼保健员纳入卫生局的系统，为其提供就业和待遇保障，将其纳入政府体制、工作计划。很多社会组织的工作，项目结束也就意味着工作结束，而金巴项目结束后，项目成果已转化为政府的一个工作内容，通过政府的政策和机制保障仍维持运转，达到了自下而上的政策倡导效果。

三、案例使用说明

（一）教学与训练

1.理论知识

（1）健康、妇女健康、妇女生育健康等基本概念

健康：不仅仅是躯体没有疾病，而且还包括心理健康、社会适应良好和道德健康。

妇女健康：妇女没有身体疾病，而且整个身心和社会适应性处于完好的状态。

从生命周期上来看，包括从妇女生命开始到生命终止的整个生命周期的健康，而不仅仅是妇女在生育时期的健康。从健康的内容上，妇女健康不只是妇科健康，如生殖、生育以及与生育相关的性健康，而且还包括反映女性地位及生存状态的营养问题、经济发展与环境对健康的危害问题、职业健康问题、心理健康问题等；此外，还应考虑到妇女所获得医疗保健服务、社会保障，享有的医疗权利以及影响妇女保健的政策、法律、文化结合社会问题。从社会性别理论视角来看，妇女健康既包括妇女获得和保障健康，也包括妇女对自己健康权利的认识、权利的行使能力及权利的行使。国际妇女健康运动对妇女健康的重新界定，使妇女健康从传统的妇幼保健医学模式转向政治、经济、文化等社会发展模式。

妇女生育健康：妇女生育健康是一个集合、发展的概念，它的形成本身就是一个多学科交互、在理论上不断推陈出新的结果。妇女的健康涉及其整个生命周期的完好和安全状态，包括享有生命安全的权利、在整个生命周期达到身心健康

标准的权利、享受基本的卫生保健服务的权利以及有能力抵御各种传播性疾病的权利。

（2）社会性别与发展（GAD）

社会性别与发展理念，崛起于20世纪80年代，旨在从社会组织、经济及政治生活的整体性角度来理解性别关系的形成、性别角色的塑造、责任与期望的指定，既关注不平等的社会性别关系的形成，又关注它与阶级、种族、民族及其他不平等的社会关系相互作用对妇女产生的影响。把妇女看作变革的主体而不是被动的发展援助的受援人。其角度不仅仅导向对干预及为了实现平等而实行差异对待战略的制定，以保证妇女能更好地融到正在进行的发展努力中去，它也必然导向对社会结构及组织的根本性的再检验，而且最终导向顽固的精英权力的丧失，这将给一些男人及女人带来影响。其理论基础是社会主义女性主义（秦美珠，2010）。

（3）赋权理论

在赋权的过程中，主要对主体的内在知识、个人意识、信仰、价值观和态度进行创造和维持，也就是使其能够获得对自身意识形态的内在控制。此外，它还要将这些内在创造和维持的知识、个人意识、信仰、价值观和态度外化为行动改变。通过这些行动改变，不但使得主体增强了自信和提升了能力，还能够使他们通过自身的改变来促进环境的改变，在一定程度上可以作为主体对生存环境（包括物质、人力、智力等方面的资源）获得较大的外部控制。社会性别平等意识作为深层赋权的标志，是主体能够认识到社会性别制度的压迫和性别不平等关系的问题所在并对不平等提出挑战。

金巴透过为牧区妇女链接资源，提供培训机会，让她们从家庭中走出来，走出了牧区，让她们意识到妇女面临的健康问题，帮助她们掌握了医疗知识和技术，培养她们的主体性，认识到自身的价值，让她们拥有了选择生活的权力和主动权，并自己组织起来，形成了对彼此之间的支持，实现“从妇女中来，到妇女中去”，在自助和互助的过程中维护了妇女的健康权利，最终走向了社会，为广大牧区的妇女提供健康服务。

2.能力训练知识点

（1）分析案例的能力。通过案例，让学生学会运用社会性别理论视角、社会性别与发展理念、赋权理论来分析妇女健康的问题；让学生了解妇女生育健康服务作为妇女社会工作的内容之一，有其面临的复杂和多样性，锻炼学生们分析、总结、提炼、概括的能力。

（2）增加学生对项目化运作的理解。通过对妇幼保健员培训项目的深入分析案例，训练学生在项目执行过程中应具备的思维方式和有效灵活的工作方法。

（3）社会工作价值观的训练。通过该案例中社会工作价值观的讨论分析，训练学生们在实务过程中应该秉承的价值观，以便其在之后的实务过程中，能够坚持社会工作的基本价值观；尤其要增加对妇女健康问题的理解，以及其对个人、家庭、社会的意义，对社会公正思考以及社会工作专业本身的反思。

（4）文化敏感性训练。该案例作为藏族地区的一个案例，需要学生基于当地的政治、经济、文化、宗教、社会发展等角度，来综合理解当地的问题，并且思考作为一个社会工作者应该如何提升自身的文化敏感。

3.价值观讨论

（1）藏族人的性别观

藏族在佛教“众生人人平等”的影响下，很少有“男尊女卑”的观念，强调“男女平等”。如藏族谚语里有“女人是慈祥之母”，强调男女平等“母亲是太阳、父亲是月亮”，“有智慧的话不分男女，只要跑得快，骡子和马都是一样的”。但男女是否存在真正意义上的平等还有待商榷。因为受生存环境的限制，必须有人付出劳动维持生活，藏族谚语中“每一顶帐篷里都有一位母亲”，足以说明妇女在家庭劳动中不可替代的作用，同时，藏族妇女因其辛勤的劳作以及她们的付出，被藏族人所尊重和赞美。基于此而形成了藏族“男主外，女主内”性别角色的分工，但是很多人忽视了，这种尊重和赞美的背后却剥夺了妇女平等参与的机会。如藏族妇女早孕、多孩，有的家庭甚至有十几个孩子，妇女从早到晚都围着火炉转，挤奶，做奶酪、做糌粑、煮茶，承担着大量的家务生产劳动，同时需要照顾老人和孩子，基本上没有时间和机会外出参与活动和公共的事务。藏族女孩也因要跟着妈妈一起承担家务，诸如取水、放牧、照顾弟弟妹妹等，缺乏受教育的机会。而一直以来，男人以体力劳动和对外沟通交流为主，如放牛羊、到集市上买卖货物，时间上比较自由。随着藏区现代化进程，摩托车、汽车等交通工具普及，对于“主外”的男人来说节约了时间，也更方便地获取更多的资源和发展的机会。但是对于大部分牧区的藏族妇女来说，仍需以传统生活方式来维持日常生活，加上女性文盲率高于男性，与外界的接触少，资源获得和发展的机会更少，更不用说公共事务和政治参与的机会。社会的环境和条件在变化，但这样不变的“男主外，女主内”的性别分工却进一步强化了男性的主导地位。同时反映了玉树地区藏族妇女家庭地位相对较高、社会地位低的状态。所谓平等，是以当事人的声音为声音，让她们自己有能力并且在知情的情况下做出选择。同时在社会中，还应赋予其使用资源的权利、话语权、决策的权利。男女平等除了形式的平等、还有实质性的平等和结果的平等，以及具有差异的平等对待。真正的男女平等，不仅解放女人，最终也解放男人。

（2）妇女健康服务的模式

从金巴妇女生育健康服务的具体工作中，可以看到其对妇女健康理解有局限性，仍是基于生物医学模式的理解。需要进一步思考和改进的是从医学模式向政治、经济、文化等社会模式转变。妇女健康问题不仅仅是妇女自身的健康，而且涉及儿童健康，甚至是整个家庭的发展。妇女健康问题是一个社会问题，除了从医疗角度来考虑之外，还需要将妇女健康问题放置到一个大社会的框架中去思考经济、文化、政策给妇女健康带来的影响，关注其产生疾病的社会原因。特别是在少数民族地区还需结合其宗教信仰、风俗习惯来了解和认识，人们是如何看待妇女，理解健康和疾病的？她们如何看待健康中的“沉默文化”？在服务的过程中不仅要注意妇女的生理问题带来的身体不适，心理健康问题，而且要关注其产生疾病的经济、文化、宗教、生存环境等社会问题。

（二）思考题

1. 如何看待金巴妇女生育健康服务中的性别视角？

2. 金巴妇女生育健康服务案例与社会工作的理念、方式、方法上有什么异同点？

3. 金巴妇女生育健康服务案例对妇女社会工作有什么样的启示？

4. 对照金巴妇女生育健康服务案例与社会工作，讨论什么是专业性。

（三）讨论与分析

1. 采用讨论法分析此案例

讨论法是在教师的指导下，学生以全班或小组为单位，围绕教材的中心问题，各抒己见，通过讨论或辩论活动，获得知识或巩固知识的一种教学方法。优点在于，由于全体学生都参加活动，可以培养合作精神，激发学生的学习兴趣，提高学生学习的独立性。运用讨论法的基本要求是：

（1）讨论的问题要具有吸引力。讨论前教师应提出讨论题和讨论的具体要求，指导学生收集阅读有关资料或进行调查研究，认真写好发言提纲。

（2）讨论时，要善于启发引导学生自由发表意见。讨论要围绕中心，联系实际，让每个学生都有发言机会。

（3）讨论结束时，教师应进行小结，概括讨论情况，使学生获得正确的观点和系统的知识。

2. 理论依据：参与式理论

参与式是一种协同式的培训方法，这种方法以学习者为参与主体，充分运用灵活多样并且形象直观的培训方式，鼓励参与者发挥主观能动性，成为其中的积极因素，通过培训者与学习者之间以及学习者与学习者之间的信息交流与反馈，帮助学习者能深刻地领会和掌握所学知识，并将这种知识与实践相结合，是一种主体参与决策的培训手段。这种方式强调学习者的主动性和参与性，以及他们在学习过程中的真实感受。在参与中，尊重每个组员发表的意见，在意每位组员所关注的点。希望在轻松的氛围中带动每个同学的参与，敢于表达自己的想法，与同学的互动中，了解彼此的观点，掌握本节课的知识点。

3. 知识点梳理的过程

（1）案例中影响妇女生育健康的主要问题有哪些？

（2）案例中对服务对象是如何界定的？运用社会工作的哪些方法？

（3）案例中服务是如何实施的？具体运用了社会工作怎样的工作手法？

（4）案例中服务成效如何？

四、案例使用要点

关键点：让学生学习如何以项目为载体开展服务，挖掘本土知识和经验的重要性。

难点：社会性别视角分析案例，自下而上的政策倡导机制的设计。

限制：与案例相关的内容较多，只能选取部分做分享。

注意点：案例对于民族地区以及精准扶贫的启示。

五、教学计划与建议

（一）教学计划

1.课前准备：要求学生课前组成小组。小组任务包括：课前阅读相关资料和文献（如妇女生育健康服务的内容和原则、妇女健康运动）要求写出文献报告，讨论案例，制作PPT，每组选出一名代表汇报。

2.课程过程中：对社会性别视角、妇女与发展的关系、赋权等相关理论进行文献梳理；讲述金巴的妇女健康发展过程，并播放《见证金巴二十年公益路》相关视频。针对案例进行学习与分组讨论（思考题），结束讨论，分享讨论结果（要求：提出改进方案，同时每组需寻找民族地区相关案例，与金巴案例进行对比分析）。

3.课程结束后：对课程进行总结回顾。

（二）教辅手段或工具

1.《见证金巴二十年公益路》影像资料；

2.大白纸、白板笔、宝贴、多媒体、电脑等。

（三）教学监测和评估

1.根据学生当堂对思考题分组讨论的情况，了解学生是否掌握了本节课的知识点。

2.学生当堂谈论感受的过程，可以掌握学生的理解程度，并且给予她们及时的回应。

3.分组后每组轮流做课堂反馈，每堂课上课前分享，内容可以包括对老师上课时的建议及对课堂内容的反馈。这个反馈在课下通过采访同学的方式收集资料，并对资料进行一定的分析和整理。

4.课程开始前和课程结束后，分别填写一些问卷，对学生进行前后问卷的测量，问卷内容包括上课的知识点，妇女社会工作设计的一些理论的理解，对老师的看法等，评估课程效果。为了确保案例教学过程能促使教学目标的达成、延伸以及教学质量提升，学生分小组完成课后以及课上的相关作业。选出组长负责统筹监管，要求任务分工具体。

（四）案例使用注意

1.可结合社会性别视角与发展理论，分析藏区妇女弱势地位的原因以及由此带来的妇女发展机会、掌握的发展资源等方面，认识社会性别给妇女带来的影响。

2.可以作为民族社会工作案例。案例中的工作理念和工作方法对于民族社会工作的理论和实践模式的建构具有借鉴意义。

3.可以作为精准扶贫工作案例。案例中的工作理念和工作方法以及与政府之间的良性互动协作，对当下的精准扶贫工作有一定的启示。

4.可以作为本土性社会工作案例分析。案例中，作为本土智慧所创造的工作机制和工作方法对构建本土性社会工作具有借鉴意义。

河南省周山村培育妇女手工艺协会的过程

卢梦玮　高明珠　杨　静

一、课程基本信息

（一）教学目标

1. 以性别视角切入的妇女手工艺小组是如何培育和成长的？
2. 性别视角是如何在培育过程中体现的？

（二）教学主题

1. 农村妇女组织的培育。
2. 社会性别视角。
3. 参与式的方法。

（三）教学内容

1. 村庄性别问题分析。
2. 妇女手工艺组织的培育。
3. 妇女手工艺组织培育的方法。
4. 在村庄发展中妇女手工艺组织发挥的作用。

（四）教学对象

1. 社会工作专业研究生。
2. 女性学专业本科生。

二、案例主体

（一）案例背景

农村社区组织特别是农村妇女组织的建设在发挥社区组织职能的同时也能够起到推动社会性别平等的作用，作为农村妇女自己的组织，其发展历程与农村妇女的自身发展息息相关。通过对妇女赋权，提升妇女自身的能力，转变妇女的传统观念，打破父权制对妇女的束缚，从而推动了农村社会性别文化的演变。农村妇女组织通过对农村妇女进行有效赋权和能力建设，改变她们观念的同时引导她们自主进行行动上的改变，从而促进妇女的全面发展，带动妇女参与社区事务，使性别平等观念渗透农村社区，促进新农村的建设与发展。成立一个组织自然不是难事，但是将其培育为成熟的社区组织，能够自我管理、自我教育、自我发展则不是一件简单的事情。

河南社区教育研究中心（以下简称中心）在河南省周山村培育的妇女手工艺协会就在社区中扮演着这样的一个角色。该中心成立于1998年10月，2007年正式注册为民办非企业。以性别平等为己任，关注社区发展中的性别问题；以教育、培训和培育草根组织为工作方法，增强妇女的权利和能力，推动性别纳入社区决策（杨静、陆德泉，2013）。她们自2002年进入周山村，将村庄的妇女组织起来成立妇女手工艺协会，通过参与式培训等手段转化妇女的传统性别意识，提升她们在家庭和社会中的地位，并对妇女进行有效赋权，使她们能够发现自身的力量和能力，然后主动地用行动来改变自己，并在自2009年以来修订村庄村规民约的过程中发挥了骨干的作用，推动“女娶男”婚礼的进行，推动“女性也能为父母打幡，继承财产”的葬俗变革，推动、制定男女平等的村庄规则，推动了村庄的性别平等。

（二）干预过程

1.妇女手工艺小组组建过程

周山村距河南省登封市28公里，地处山区，因为土地少，退耕还林之前村里男性多半在附近煤矿打工，女性在家务农。许多妇女有传统手工艺技术，如织布、扎花等。随着现代化的进程，妇女传统手工艺受到冲击，这些手艺逐渐被丢在一边。在2002年的冬天这些妇女的命运因为中心成员的到来而改变。

登封是中心选定的试点，曾开展过数次“社会性别与发展”为主题的教育培训和专项调研活动。登封有嵩山少林寺等旅游资源但特色的手工艺纪念品却很少。若组织妇女生产纪念品，增加妇女收入的同时，又能增强妇女独立的能力。基于此想法又结合登封周边村庄的调查结果，发现周山村基础良好。在与有娴熟绣花和织布技艺的妇女讨论时，她们愿意尝试，因为既不用离家，也能发展经济。于是社区人员开始创建妇女手工艺合作社（杨静、陆德泉，2013）。

（1）手工艺小组初建时期

周山村村民居住十分分散，所以最初手工艺协会的成员们都是自己在家里做活儿的，中心的人定期会到妇女家中收取她们做好的成品，销售给商家。住的距离较近的人有时会聚在一起相互学习、相互交流。后来，由于有的妇女的手工技艺并不娴熟，她们需要更多的学习机会。考虑到这个原因，中心以组为单位，根据村庄的自然环境和妇女们的居住特点，将妇女们划分为若干个生产小组，小组采用自愿结合，自主管理的方式运行，同组成员通常会在一起做活儿，相互交流，切磋技艺。做好的产品都由组长保管，中心的工作人员直接到组长处收取。虽然成立了小组，但是由于各小组相距较远比较分散，分工并不明确，所以产品的质量不高，生产率也较低，成员之间的相互合作也受到了一定的限制。一期项目下来，中心的工作人员发现如果只一味地追求产品的设计、生产和销售，而忽略了妇女自身能力的提升和意识的转变就违背了项目的初衷，使得妇女们认为做手工只是为了赚钱补贴家用，这无法达到中心促进妇女发展和推动社会性别平等的目标。与此同时，部分成员还对工作安排和收入分配产生了意见，对利润分配斤斤计较，团队合作面临危机。基于此，中心意识到了问题所在，便开始整顿她们的工作方式，坚定自己的核心理念，注重对妇女社会性别意识和团队意识的培训，以及促进她们自身的发展。

（2）求生存期：手工艺协会初建

2004年中心申请了第二期项目，项目为期三期，开始着手培育周山村第一个农村社区组织——妇女手工艺协会。项目初期时的手工艺协会由原先的各生产小组联合组成，可是在选取协会会长时又出现了难题，大家都认为自己的能力不足，没有经验，所以没人主动申请，最后决定以“丢玉米粒”的形式来选。但是由于协会成立准备的时间比较仓促，也没有制定出协会宗旨、具体目标和工作内容，因此这时的协会并不能对成员和生产起到领导和指导作用，还是一个很不成熟的协会。中心成立手工艺协会的目标不仅是为了增加妇女的经济收入，还希望能够提升她们性别平等意识和团队合作能力，从而推动她们参与社区建设。秉持着这样的目标，二期项目进行了一年时，中心和生产小组决定对协会进行整顿，使它能够充分发挥组织妇女和调动妇女的作用。

于是，中心将手工艺协会的成员组织起来共同讨论协会的宗旨、目标、框架以及各种管理规章和制度，在会议中大家畅所欲言，各抒己见，发表了自己对协会建设的意见和建议。在讨论过程中，成员们提出协会还可以吸纳更多的成员，即使不会做刺绣也没有关系，可以相互学习。有很多妇女就是在这以后加入手工艺协会的。除此之外，大家建议在做手工之外还应该开展一些其他活动，如兴趣培养和特长培训等。在大家的共同努力下，终于制定了手工艺协会的宗旨、组织框架和规章制度，并且重新选举了协会会长、副会长及小组负责人，周山村妇女手工艺协会至此正式成立了，开始了十年的发展道路。

（3）稳定发展期：集中生产的合作组织

首先，协会正式成立的两年内仍然采取以小组为单位的分散生产模式，而购买原材料，销售产品则是由协会负责。此外，手工艺协会主要发挥的是协调和指导作用，为成员们提供交流学习的平台，对成员进行各类培训等。其次，协会还组织成立了质量评议小组，监督手工艺产品的质量是否合格。在协会的带领下，成员之间分工明确，生产效率也有所提升。

在正式集体生产之前，协会成员曾针对实行股份制还是合作制产生过一次重大分歧，如果实行股份制就要按股分红，实现经济的提升是最终目标；如果实行合作制就符合协会成立的宗旨，以妇女的发展为最终目标，大家为此争执不下，有的人甚至闹着要退出。为此，中心针对“股份制”和“合作组织”为大家开展了一次培训，通过培训大家对这两种形式有了更清楚的认识和理解，最终一致决定走合作的道路。2007年4月11日，周山村手工艺协会开始了集中生产。由于大家居住得比较分散，村里为大家提供了活动场所（原周山村小学旧址），成员们按照“朝八晚五”到协会工作，午餐在协会解决，大家轮流做饭，一起吃饭。收入则是按工计算，即按照工作时长计算。这个也是由成员们自己商讨决定的，她们认为大家来了手工艺协会都努力干活，只是有人手快有人手慢，如果按“件”计算可能会让那些不熟练的新手退缩，阻碍协会发展。

2.方法干预过程

（1）参与式培训

参与式培训是中心在培育农村妇女组织时主要使用的工作方式，也是中心的一大特色。在培育周山村妇女手工艺协会的过程中，中心一共为她们进行了30多次参与式培训，培训的种类涵盖多个方面，包括：社会性别、团队意识、健康知识、法律意识、参与意识，等等。这些培训并不是按期进行的，而是在协会的培育过程中，根据组织的发展需求开展的。针对成员的特点和需要，培训的方式灵活多样，通俗易懂，每次都起到了良好的作用。

①社会性别意识

在很多农村依然保留着传统的性别观念，它强调：男强女弱、男主女从，男外女内。这种社会性别观念严重束缚了女性的发展，特别是农村女性。她们习惯于依附男人，把自己当作男人的附属品，认为男人就是天。而周山村和大多数农村一样，存在着这种不平等的性别观念。在周山村有着这样的风俗：如果家里生了儿子，就把胎盘埋在院子的中央；如果生的是女孩，就把胎盘随便埋在院子的角落，甚至有时候是厕所或者垃圾堆旁边，因为他们认为女孩的胎盘会影响家里的运气。这就造成了严重的男孩偏好，而妇女在家中的地位也显而易见。因此，改变这种父权制社会留存下的性别不平等观念是河南社区教育研究中心进入周山村的初衷，也是她们培育妇女手工艺协会的主要目的。因此，中心对协会的妇女进行了社会性别的概念、社会性别的影响、社会性别的运作机制以及社会性别与发展等方面的培训，试图使妇女们认识到性别不平等的根源，打破传统观念的束缚，挣脱性别的牢笼，成为自己人生的主人。在进行社会性别培训时，中心曾做过这样一个活动，用贴纸条的方式让参与者贴出男女在现实生活中的分工和贡献情况，结果显示家庭中的女性不仅几乎承担了所有家务劳动，还要负责种地和养殖的大部分工作，而男性除了工作仅仅承担田地的种收工作。由此可以看出女性对家庭的贡献和价值一直处在被忽视的状态，传统的父权制造成了社会对女性的刻板印象，在这种环境中也造成了女性的负担越来越重，从而忽略了自我在家庭生活甚至是社会生活中所创造的价值。

培训后有的农村妇女表示培训中的很多内容是她们生活中的真实经历，以前女人都认为自己不如男人，而通过培训大家认识到不是女人的能力不足，而是社会对女性和男性本身存在着某种不平等，她们没有享受同等的权利和机会。性别意识的参与式培训不仅改变了农村妇女的性别观念，还促使她们积极在村庄里推动性别平等，在全村掀起了男女平等的热潮。“婚嫁改革”“丧葬变革”“村规民约”，到处都能看到她们的身影。如今，面对丈夫，她们的心态也发生了翻天覆地的变化，不再认为丈夫就是家里的天，意识到了自己是一个独立个体，自己也同样为家庭做出了贡献，应该和男性一样享有同等的地位和权利。

中心既结合了中国社会发展的本土经验，也根据周山村的具体特征对培训形式和内容进行了创新，改变农村妇女性别观念、提升妇女主体意识的同时，也使她们直接参与了改变不平等制度的变革，为社会工作在农村地区推动性别平等意识提供了经验借鉴。

②提升自我认同，增强自我效能

周山村妇女手工艺协会在前期发展过程中遇到过很多困难和挫折，面对困境成员们往往会产生退缩和沮丧的情绪，为了增强组员的抗逆力，中心根据优势视角带领成员回顾个人困难，并帮助她们寻求解决困难的办法，帮助大家学会面对问题并利用自身优势解决问题。与此同时，为了进一步加强农村妇女的自信心，中心开展了一个“优点大轰炸活动”，让其中一个妇女躺下，其他人按照这个妇女画一个人的形状，由妇女先说出一个自己的优点，然后选择两个人说出她们认为的该妇女所具备的优点，并把这些优点在人形上标注出来，当所有人都说完以后，由参与者分享看到这些优点的感受。通过这个活动，农村妇女进一步认识到了自己的价值，对自身有了更明确的认知，自信心得到极大提高。

③健康知识培训

2007年10月香港“全人艺动”的培训者梁以瑚老师和程翠云老师来到周山村，一起为大家开展了一次“农村妇女参与式健康培训”，她们利用周山村妇女刺绣的技能，让她们缝制“健康娃娃”，并且让妇女们在缝制过程中表现出自己的健康需求和遇到的困难。在缝制不同部位时，两位老师都会告诉大家每个部位的保护方法。例如：在缝制娃娃的头部时，老师指导大家应该如何保护自己的眼睛、嘴巴、鼻子和耳朵；缝制上半身的时候告诉大家应该如何保护自己的乳房，还引导大家分享有关乳房的故事；而在缝制下半身的时候，让大家精心地缝制了女性的外阴和子宫，然后讲解应该如何注意生殖器的外部卫生和怎样保护子宫。健康娃娃的缝制整整花了三天时间，那些曾经难以启齿的问题也转换成了妇女的内在知识。

④团队合作意识

一个组织的持续发展离不开成员之间的相互合作和沟通，因此，中心给大家安排了有关团队合作方面的参与式培训，希望能够通过培训建立成员之间的相互信任和默契。培训中，培训者设计了许多活动来培养大家的凝聚力和团队合作精神。其中，有一个游戏叫作“建筑工地”，即将成员们分组然后组员共同完成一个建筑物，这需要组员之间高度的配合，在游戏过程中大家意识到了团队合作的重要性。此外，培训者还设计了共画一幅画的游戏，两个成员用一支笔画一幅图，第一次画的时候不能说话，第二次画的时候可以相互商量，然后再把两幅画进行比较。通过这个游戏，成员们意识到了沟通的重要性，只有良性沟通才能提升工作效率，提升工作成果，从而达到共赢。

（2）技能提升

①带领骨干外出参观，拓展视野

在协会培育过程中，为了提升成员们的技巧，拓展她们的视野，中心为成员们创造了许多外出参观的机会，到祖国各地去学习和交流手工技巧。2005年至今，成员们先后到过河南兰考、甘肃庆阳、苏州等地考察，每到一个地方，成员们都会虚心向当地手工艺者学习手工技巧，回到村里大家也会相互交流，一起模仿各地的手工艺品。

其中，最值得一提的是中心带领手工艺协会骨干成员到贵州去的那一次考察学习，景秀芳、冯瑞芬等6名成员在贵州省凯里市进行了各式各样的交流活动，向苗族妇女学习了刺绣技艺，了解了她们的运作机制和销售渠道。

②进行手工艺相关技巧培训，提高自身技术

前面曾提到过，中心曾通过各种渠道帮助手工艺协会寻找设计师，但都收获不大，缺乏设计能力也一直制约着协会的发展，最后在大家的协商下决定由成员们自己来学习产品设计。这样一方面可以解决协会的困难，另一方面也有助于妇女们发掘自身潜力，提升自生能力，使协会的手工制作道路能够走得更远、更久。于是，中心为大家请来了设计专家，教大家画图、配色、设计等各种技巧，还为协会购买和拍摄了参考图片，供大家学习。说到技巧培训不得不再次提起梁以瑚老师，她在周山村的时候为大家举办了“姐妹齐齐拼工作坊”，让成员们自己画自己的故事，绣自己的生活。最后把绣有每个人的故事和协会成长历程的巨幅作品展示出来的时候，大家都激动得欢呼起来，这幅作品不仅展示了成员们的精湛技艺，同时也彰显了大家的智慧和情感。而这幅作品在2009年3月参加了在北京举办的“女红艺术展览”，获得了社会认可。

③开展手工竞赛，促进成员之间相互学习

为了促进手工艺协会成员之间的相互激励和交流，中心在登封市开展了“百名巧女手艺大赛”，共有62名妇女参加了此次比赛，提交作品164件，而周山村妇女手工艺协会成员作为此次比赛的主要力量，更在比赛中获得了特等奖，协会的王云阿姨每次谈到这个比赛都十分自豪。在参加比赛的过程中，协会成员的手工技巧得到了提升，大家相互交流参赛心得，也分享着自己平日里刺绣的经验，更得到了专家的指导。

（3）培养妇女骨干

中心在开展项目时着重于在社区内、在协会内培养妇女骨干，试图通过妇女骨干的力量带动整体发展，促进性别平等观念深入周山村的每家每户。因此，在培养妇女骨干，培育妇女手工艺协会的过程中，中心注意发掘组织内部的积极分子，注重对她们进行潜力开发和能力培养，并通过各种渠道为她们创造学习和实践的机会。如2006年10月周山村妇女手工艺协会骨干成员参加了在郑州市召开的“河南妇女民间手工艺研讨会”，中心还带着协会的妇女骨干到各地进行学习，学习归来后再由她们自己总结经验，并和大家分享学习内容。近年来，周山村的农村社会工作经验得到了关注，社会各界人士都前来周山村参观，每当此时中心就会邀请协会骨干成员上台为参观学习者分享组织经验，由原来的不敢说到现在的声情并茂，手工艺协会的妇女骨干们现在都能独当一面。

（三）干预效果

1.积极投身公益事业，得到了认可

中心最初进村培育妇女手工艺协会是希望能够开发妇女的传统手工艺品，增长妇女的经济自主能力，所以一开始组织大家生产的是旅游产品。后来随着组织的发展，中心也不断反思自己培育手工艺协会的目的，发现只一味地追求经济收入的提升违背了自己的初衷，并且通过各种培训，妇女们也意识到了公益的重要性，于是大家开始探索制作公益性产品，走上了实用性产品和公益性产品并行的特色道路。

至今，手工艺协会不断接到公益性产品的订单，已经为多个公益活动贡献了

自己的力量。例如，为第十五届艾滋病大会制作红丝带，前联合国秘书长安南曾亲自佩戴了成员们编制的红丝带。她们还为艾滋病患者做了便携式药盒，在药包上绣上了两只衔着心形花环的和平鸽，象征着手工艺协会对艾滋病患者的祝福。此外，她们还为了响应国家的“限塑令”专门组织了环保购物袋设计比赛。在国家计生委的“出生性别失衡综合治理”项目中，成员们制作了“纠正男孩偏好、推进性别平等”的塑料袋，在高层论坛上得到了使用。公益产品的制作对成员们来说有着特殊意义，虽然这些产品没什么收入，但是大家却十分热心，认为自己是在做有意义的事情，为社会贡献了自己的力量，为他人送去了温暖。

2.走出协会，积极参与社区事务

除制作公益性产品外，在协会稳定发展的同时，大家也开始积极地参与社区事务。手工艺协会为妇女们创造了增加经济收入的平台，她们不用再伸手问自己的丈夫要钱，家庭地位自然得到了提升。她们的追求不仅止步于此，大家还积极地参与社区事务。除了做手工，每当村子里有大型活动或者事件的时候，成员们几乎都是第一个站出来，卖力宣传，积极参与。协会成员登上了政治舞台，开始参与村庄的治理。2008年村委会的换届选举中，协会的三名成员分别被选为村委委员兼妇女主任、村民组长和计生专干。2011年年底手工艺协会会长也被选为了监委会主任。她们在自己的岗位上尽职尽责，努力为妇女发声，维护妇女的权益。与此同时，她们积极参与社区其他草根组织的培育，在社区发展中贡献着自己的力量。

3.推动村庄变革，促进男女平等

为了推动性别平等，改善妇女在村庄制度中以及在生活中各个方面的不平等状况，维护女性的权益，在2008年修订村规民约的过程中，手工艺协会的成员积极参与。她们推动了婚俗变革和葬俗变革，倡导婚居模式的多元化。在修订村规民约的讨论期间，她们积极发表自己的意见，积极为女性争取自己的合法权益，推动了社会性别平等意识主流化。针对以往条款中的性别不平等，妇女手工艺协会成员以特邀代表身份参加村规民约的修订，极力维护妇女的权利，会上难免会有反对意见，但是在她们的努力下周山村新修订的村规民约中加入了“男女婚嫁自由，无论是女到男家还是男到女家，均享有村民待遇”“离婚或丧偶妇女回村，也应享有村民待遇”等条款。她们作为妇女代表，代替妇女发声，维护了妇女的利益，为修订公平合理的村规民约做出了贡献。

三、案例使用说明

（一）教学与训练

1.社会性别

社会性别是从女性主义理论中发展出来的一个核心概念、一个分析问题的视角，是分析男女不平等的原因的工具，是达到男女平等的具体途径和方法（刘伯红，2011）。生理性别是人类生理上的事实，由染色体决定，具有先天性，不可变。但作为男性和女性的经历会因文化的不同而相差很大。社会性别是指在一个特定社会中，由社会形成的男性和女性的群体特征、角色、活动及责任。它由后天社会建构而成，在个人社会化以及社会制度中得到传递和巩固。它是一种社会关系，也是一种权力关系（邱亚君、梁名洋、许娇，2012）。正是因为社会性别的存在让两性内化了自己的分工和角色，周山村手工艺小组妇女的成长过程就是一个缩影。被认为理所应当围着锅台转的妇女走出家庭参与村庄事务，中间的过程虽然漫长又艰难，但最终打破了男女分工的屏障，也证实了社会性别对两性的影响不是不可改变的。

2.妇女与发展的关系

（1）传统发展理论

20世纪40年代到60年代，传统发展理论的核心是经济增长，这种发展不是完全内生和自发的，而是对所处的国际环境适应以及对发达国家已有的模式的反应，是有计划、有目标，在较短的时间以最有效的途径学习、借用和移植先进国家成果的过程。该理论认为，只要经济增长了，传统社会就会变成现代社会，并且没有综合考虑社会发展的因素，忽视发展中国家的社会和人，弱者和边缘人群及穷人（李小云、林志斌，1993）。单纯的经济增长并不是真正意义上的发展，因为弱势群体的处境不会改变，经济增长并不能惠及他们，面临的不平等依然存在。

（2）妇女与发展理论

20世纪70年代开始形成的有关妇女问题的理论体系，受自由女权主义理论和现代化理论的影响，在20世纪90年代传到我国，对我国妇女理论的研究和实践产生了很大的影响。

妇女与发展的思想和行动倡导来源于两股力量，一股是联合国妇女地位委员会，一股是美国妇女运动。在她们的推动下，联合国妇女十年中将“平等、发展与和平”确定为国际妇女年的主题。

第一个联合国妇女十年（1961—1970年），将“发展”定义为：以经济增长为核心来促进社会的发展。其假设是，只要经济收入提高了，就会自然带动社会的发展，经济和社会的发展必然带动社会的进步（李小云、林志斌，1993）。到了20世纪70年代，人们逐渐认识到，经济增长不等于经济发展，因此第二个联合国妇女十年，将妇女的全面发展综合到整体发展中。周山村曾经以农业为生，随着社会对煤炭需求量的增加，男性会到煤矿工作，增加家庭的经济收入。收入的增加对生活质量改善有一定的帮助，但只是物质层面。女性被禁锢在家庭中、女性家庭地位低的状况依然没有改变，女性鲜有机会走出家门参与社会事务。

（3）性别与发展理论

性别与发展理论诞生在20世纪80年代，这种变革的核心是发展开始由经济增长为核心的传统发展方式变成可持续发展的综合发展，其中性别公正原则正是可持续发展的一个重要指标（康艺之，2006）。此理论把妇女问题的视角从妇女角度扩张到社会中的两性及影响两性关系的各种社会属性。

性别与发展理论并不就妇女问题而谈妇女问题，而是关注性别关系，即在不同条件之下男性和女性的关系；把妇女看成积极的参与者而非被动的发展接受者，但并不假设妇女对她们的社会地位有着全面的认识与理解；具有整体观，它从社会组织、经济和政治生活的整体性去理解社会某一特定方面的构型；发展被看成个人与社会、经济、政治和文化进步的复杂过程；并不认为福利、反贫困或者平等是3个相对立的不同选择，而福利和反贫困是平等的前提（李小云、林志斌，1993）。抛开社会性别谈妇女发展只是在做表面功夫，很难触及根本。正是两性不平等的关系导致了妇女不利的处境。在周山村培育手工艺小组的过程中，如果只是靠制作的手工艺品换取经济收益的话，妇女和村庄是不可能发生改变的。正是看到了隐性的不平等的性别关系，并创造条件改变，才能让村庄看到手工艺小组成员的变化。先从增加经济入手，提升经济地位的同时让妇女走出家门参与社区事务，打破男性才能享有的权利关系，为妇女寻找出口。

3.赋权理论

在赋权的过程中，主要对主体的内在知识、个人意识、信仰、价值观和态度进行创造和维持，也就是使其能够获得对自身的意识形态的内在控制。此外，它还要将这些内在创造和维持的知识、个人意识、信仰、价值观和态度外化为行动改变。通过这些行动改变，不但使得主体增强了自信和提升了能力，还能够使他们通过自身的改变来促进环境的改变，在一定程度上可以作为主体对生存环境（包括物质、人力、智力等方面的资源）来获得较大的外部控制（王真，2014）。社会性别平等意识作为深层赋权的标志，是主体能够认识到社会性别制度的压迫和性别不平等关系的问题所在并对不平等提出挑战。

周山村手工艺小组的培训过程就是一步步赋权的过程。第一步从经济入手，给予物质帮助，增加妇女在家庭中的经济地位；第二步为妇女提供相互支持的平台，让妇女有发泄的空间并愿意被聆听，形成信任；第三步为妇女提供学习的机会，增加自信心；第四步为妇女创造展示自己的机会。能力属于妇女自己，随之自信就会增加，当妇女内生力量增加的时候，才会释放更多的能量去改变自己和周围。一次次的培训让妇女意识到性别不平等的关系使她们处境艰难，她们更愿意也更有能力去改变。

（二）思考题

1.某基金会为了帮助某地妇女脱贫致富，资助开展编织毛衣项目。当地妇女编织的有民族特色的毛衣销路很好，她们在家里编织毛衣，同时兼顾家务；编织好的毛衣由丈夫负责运到18里以外的县城销售，并支配收入。这些是帮助妇女发展吗？这与周山村案例中妇女的发展有何不同？妇女在发展过程、生计活动中，是否只是被动的客体？

2.请举例说明日常生活中社会性别的表现形式。

3.促进妇女发展只是单单发动妇女吗？

（三）讨论与分析

1.采用讨论法分析此案例

讨论法是在教师的指导下，学生以全班或小组为单位，围绕教材的中心问题，各抒己见，通过讨论或辩论活动，获得知识或巩固知识的一种教学方法。优点在于，由于全体学生都参加活动，可以培养合作精神，激发学生的学习兴趣，提高学生学习的独立性。一般在高年级学生或成人教学中采用（百度文库讨论法）。运用讨论法的基本要求是：

（1）讨论的问题要具有吸引力。讨论前教师应提出讨论题和讨论的具体要求，指导学生收集阅读有关资料或进行调查研究，认真写好发言提纲。

（2）讨论时，要善于启发引导学生自由发表意见。讨论要围绕中心，联系实际，让每个学生都有发言机会。

（3）讨论结束时，教师应进行小结，概括讨论的情况，使学生获得正确的观点和系统的知识。

2.理论依据：参与式理论

参与式是一种协同式的培训方法，这种方法以学习者为参与主体，充分应用灵活多样并且形象直观的培训方式，鼓励参与者发挥主观能动性，成为其中的积极因素，通过培训者与学习者之间以及学习者与学习者之间的信息交流与反馈，帮助学习者能深刻的领会和掌握所学知识，并将这种知识与实践相结合，是一种主体参与决策的培训手段。这种方式强调学习者的主动性和参与性，以及他们在学习过程中的真实感受（杨静，2002）。在参与中，尊重每个组员发表的意见，在意每位组员关注的点。希望在轻松的氛围中带动每个同学的参与，敢于表达自己的想法，让她们在与同学的互动中，了解彼此的观点，掌握本节课的知识点。

3.知识点梳理的过程

（1）结合周山村的案例，给同学们讲解本节课的理论，这样的话不会太抽象，将道理融合在生活的实例中，有助于学生的理解。

（2）妇女与发展的关系虽然经历了不同的阶段，它的实质内容在发生变化，变化的是妇女的位置和对妇女权益的认识，体现的是注重人性化的过程，将妇女看为“人”而不是男性或者其他的附属品，充分体现了对妇女的尊重，这是和社会进步有关的。这些理论和社会性别的分析在本质上是相同的，都是不断注重女性的尊严和价值。

（3）讨论中让学生发表自己的观点和看法，表达自己对理论和案例的理解，加深她们的印象。

四、案例使用要点

关键点：在一个妇女手工艺小组培育过程中，社会性别理论是如何贯穿始终的。

难点：在本案例中，社会性别理论和参与式方法如何相得益彰、有机结合，知行合一。

限制：本案例只是在周山村案例中选取的一个切面，希望学生可以通过看参考书或者实地调研全面学习周山村案例。

注意点：周山村的案例不可复制，有其特殊性。但是其中的理念，将妇女作为主体是值得学习的，社区教育研究中心老师们的精神是值得我们敬佩的。

五、教学计划与建议

（一）教学计划

1.第一节：周山村的妇女手工艺组织发展过程。

2.第二节：讲授发展过程中如何使用性别视角和参与式方法。

3.第三节：分组开始讨论思考题目。

4.第四节：学生分享。

（二）教辅手段或工具

1.中心拍摄的影像资料，如“养儿真能防老吗”“女娶男婚礼”等。

2.大白纸、白板笔、宝贴。

（三）教学监测和评估

1.根据学生当堂对思考题分组讨论的情况，了解学生是否掌握了本节课的知识点。

2.学生当堂谈论感受的过程，可以掌握学生的理解程度，并且给予她们及时的回应。

3.分组后每组轮流做课堂反馈，每堂课上课前分享，内容可以包括对老师上课时的建议，以及对课堂内容的反馈。这个反馈在课下通过采访同学的方式收集资料，并对资料进行一定的分析和整理。

4. 课程开始前以及这学期这门课程结束后，分别填写一些问卷，对学生进行前后测问卷的测量，问卷内容可以包括上课的知识点，对妇女社会工作设计的一些理论的理解，对老师的看法等，评估这个课程的效果。

（四）案例使用注意事项

1. 可适用于分析妇女贫困。可以结合社会性别视角与发展理论，分析妇女弱势地位的原因以及由此带来的妇女发展机会、掌握的发展资源等方面，认识社会性别给妇女带来的不公平。

2. 可以作为推动性别主流化的案例。中心在周山村的工作为妇女带来了前所未有的改变，增加了妇女的自信心，维护了妇女的合法权益，为社区注入了活力。

3. 可作为社会工作的经典案例。中心作为一个外来组织，在推动村庄性别平等的过程中起到了重要的作用。工作人员以村民为主体，用真诚和尊重带动村民；她们在践行“以生命影响生命的”理念，用自己的努力与村民一起推动社会的正义和公平。她们的工作方法贴近村民的实际，能够带动村民，推动了社会工作的本土化进程。

六、案例教学后的讨论和反思

（一）个人意识觉醒会带来的行动改变

中心注重对妇女进行有关社会性别的培训，在中心的培训下，手工艺协会的成员对自身、对女性有了新的认识。她们的个人意识开始觉醒，自我认同和自信心得到了增强，意识改变带来的是行动的改变。值得强调的是这些改变都是妇女的个人意识觉醒后主动发生的改变，她们参加村委会选举为妇女发声，她们在民俗变革中倡导男女平等，在文娱活动中积极踊跃，这些改变都在从不同的方面推动着妇女的发展。

个人意识觉醒是社会工作者要引导服务对象的，也是老师应该引导学生的。作为女院的一分子，每个人都有权利和义务促进自己意识的觉醒，作为老师更是有这份责任。在课堂中会更加有意识地引导学生。

（二）社会工作是朝向改变的学科，从意识到行动

社会工作者开展社会工作服务时，应该注重对服务对象的意识进行解构和建构，通过改变服务对象的意识，激发他们的内在潜力，引导他们通过自己的能力找到解决问题的方法，从而实现行为的改变，达到社会工作的目标。社会工作者追求的是公平和正义，要不断反思行动背后的逻辑是否违背这个公平的原则，要思考自己的努力是否朝向正确的方向。老师这个职业很神圣，在课堂中要充分发挥学生的主体性，将他们放在第一位，考虑他们的接受度和承受度，教师可以在引导学生的价值观方面发挥很大的作用和价值。

农村妇女工作者的培养路径

——蒲韩乡村社区工作案例

黄晓岑　杨　静

一、课程基本信息

（一）教学目标

通过《妇女社会工作》课程的学习，使学生了解妇女社会工作的内涵及意义；掌握妇女社会工作相关的理论、价值观和方法；了解妇女社会工作的内容；培养学生服务妇女的理念和责任感，训练学生从事妇女服务的能力，学会运用妇女社会工作的方法，提高妇女能力，赋权于妇女，整合妇女服务资源，从而帮助妇女完善自我、获得社会发展，并推动社会公正。

本文以蒲韩乡村社区农村妇女工作者的培养案例为载体，了解和分析农村妇女工作者的培养理念、路径与方法，训练学生学习、分析、评判的能力，引导学生思考什么是“专业”性，拓展学生的视野，关注中国本土农村的社会实践，挖掘本土社会工作的价值，进一步增加学生对本土性妇女社会工作的理解。

（二）教学主题

农村妇女服务与发展；农村妇女工作者培养；农村社会工作。

（三）教学内容

了解妇女发展、农村社会工作等基本概念。

掌握社会性别理论、女性赋权理论，并用此理论分析案例。

学习蒲韩乡村社区农村妇女工作者培养的具体内容和工作方法。

学会分析案例，找出案例中的逻辑，识别案例体现的社会工作专业性。

（四）教学对象

1. 社会工作专业本科生及研究生。

2. 女性学专业本科生。

二、案例主体

（一）案例背景

1. 蒲韩乡村社区背景

蒲韩乡村社区位于山西省永济市，覆盖两个乡镇（蒲州镇和韩阳镇），43个自然村，覆盖面积260平方公里，覆盖人口6520户，25800多人。蒲韩乡村地理位置优越，地处晋、陕、豫“黄河三角”地带，土壤肥沃，东靠中条山，西临黄河滩，耕地面积达8万余亩，种植有苹果、桃、柿子、杏、核桃、小麦、玉米、棉花、豆类和香椿、芦笋等二十多种农作物。气温适宜，农作物比邻近地区早熟7—15天。

蒲韩乡村是一个由农民自发组织的规模较大的“乡村合作组织”。2004年注册名称为“永济市蒲州镇农民协会”，因为设在寨子村，当地农民习惯称之为“寨子协会”。2007年，国家出台《中华人民共和国农民专业合作社法》，“寨子协会”顺应形势发展变更名称为“蒲州镇果品协会”，并注册了28个农民合作社。辗转于2012年，当时政策鼓励成立联合社，协会分别在永济市工商局和永济市农经局注册了“永济市蒲韩种植专业合作联合社”“永济市蒲韩养殖专业合作联合社”，对外统称为“联合社”，称其服务的3865户农民为“社员”，社员总数占到两个乡镇人口的68%左右。但联合社无法涵盖“寨子协会”开展的公共服务事业，因此创始人郑冰为其起名为“蒲韩乡村”，工作人员对外也习惯用“蒲韩”来介绍组织。故此，本文所使用的联合社只作为蒲韩的一个经济部门。

2. 蒲韩乡村社区的组织结构

蒲韩最基础的结构是所服务的3865户社员，这些社员中，每5户结成一个小组，选出一位代表，共计773位。在这些基本社员和小组的基础上，按照合作社法关于合作社组织模式的规范形成了监事会及理事会。实际的运作由一个个非常职业化的团队进行。这个团队由最初的农资农技服务和跳舞活动中的几位妇女骨干发展而来。后来，随着协会的发展，又吸引了许多年轻人加入，已经形成了一个由113人专职构成的稳定团队，其中男性24人，女性89人，女性占比78%以上，是一个女性主导的团队。

（二）干预过程及效果

1.蒲韩乡村社区农村妇女工作者培养的发展历程

在蒲韩乡村社区发展壮大的过程中，女性工作人员始终是多数。但蒲韩妇女工作者的教育背景并不是太高，大多为初中、高中学历，很不利于其持续成长。教育背景通常是指个人接受教育的基本情况，即学历情况；个人在工作中的成长包括其需要的知识及技能增进。两者是成正比的。基础知识薄弱，提升是一个非常缓慢的过程。

从其服务内容的发展、团队的扩大、妇女工作者培养路径的变化，将蒲韩乡村社区培养妇女工作者的历程划分为两个大的阶段：（1）1998—2007年，基础培训阶段；（2）2008年至今，系统培养发展阶段。通过蒲韩乡村社区两个大阶段的发展可以看出工作人员是如何在这一过程中出现的，蒲韩又是如何培养妇女工作人员的，及培养路径是如何发生变化的。

（1）1998—2007年，基础培训阶段

- 农业技术培训：积极分子出现

蒲韩的领导者郑冰原是一名小学老师。1997年，丈夫谢福政在黄河滩上开了一家农资店——“寨子科技中心”，业余时间郑冰会过去帮忙。在销售农资的过程中，她发现农民非常缺乏农业科学技术知识，盲目大量地使用化肥，认为化肥越多庄稼产量越高。1998年，她决定请老师为农民做技术培训。讲课前，郑冰去了十个村，联系了八十个妇女做宣传，由于看到村民对农技知识的迫切需求，郑冰辞去教师职务坚持了下来。且由于参与的主群体是妇女，从1998年郑冰就有意识地组织文艺基础班，而这些最初一直参与的人就是郑冰后来发掘的积极分子，在农业技术培训的过程中，郑冰发掘的几位积极分子都成了各种组织活动的中坚力量，组织妇女跳舞时郑冰就挑出了6位积极分子做小组长。

- 组织妇女跳舞：组织形成，骨干涌现

由于发现农村文化生活极其贫乏，妇女农闲时无事可做，无非是家长里短、是是非非，为改变这样的局面也为了让妇女组织起来，2001年冬天郑冰决定组织身边的妇女跳舞。通过坚持组织妇女跳舞、开展文化活动，收到了意想不到的效

果。2002年跳舞的活动就迅速地在其他村子铺展开来，由于参与其中的妇女人数越来越多，组织力度越来越大，一些有组织能力的妇女自然而然地出现。2002年“三八妇女节”，在市妇联的支持下，郑冰和妇女骨干们组织了500余名妇女前往市里表演秧歌；2003年春节期间，又组织了近1000名妇女到市里汇报表演，这个妇女团队的影响力越来越大，一个以妇女为主体的自组织初具雏形。在当地妇联的指导下，她们成立了妇女协会。参与跳舞的妇女骨干们依托妇女协会组织各种活动，得到了初步锻炼。

● 村民学习小组与农民夜校：集体学习

在大家一起跳舞的过程中，郑冰更加清楚地认识到提升农村妇女素质的重要性，由此开始坚持组织妇女学习。以寨子村为试点，成立了28个学习小组，每天晚上干完家里活后便集中到一起读书讨论，又在方式、方法上下功夫，举办辩论赛、学说普通话、学认字、读农家女杂志、学习科学技术、交流家庭教育。每个人每天都要学习，每个人念一段，分组进行讨论，表现好的奖励大红花，不好的就表演节目，学习活动搞得很热闹，效果也很好。且学习内容也从农业科技知识、家庭教育、卫生常识等不断扩大到“三农”政策。为了使学习氛围活泼不枯燥，还设计了一些趣味活动，如讲笑话和猜谜语等。其间，还派代表队参加石家庄、武汉等地组织的妇女辩论赛。慢慢地，寨子村的学习活动吸引了越来越多的人参加，男性也可以加入里面。妇女协会也顺势转为农民协会，村民小组的学习活动越做越大，最后发展成为一种学习制。

随着整体上学习氛围的形成，小团队及自我的学习也在慢慢形成。2003年为老人举办的一次剪纸大赛使得几个妇女萌生了向老人学习传承手工艺的想法并成立了手工艺小组。新生组织就这么出现了。

● 社区行动：学习检验

在一系列的文化学习活动中，妇女们的主体意识开始出现，她们开始觉得只学习不行，一定得做点事情，很快这个做事的契机到来。长期的文化娱乐活动产生的互动关系，使得骨干间彼此熟悉，组织活动中相互之间的协作也日益增多，集体的行动力也初步体现。

北京来的谢丽华老师无意中提到一句村里的生活环境有点脏乱，这句话刺痛了妇女骨干们的心，于是她们开始行动，动员带领协会的妇女去挨家挨户地发清理垃圾的倡议书，让村民主动参与清理村里垃圾。在这一过程中也有不愿意配合的农户，妇女骨干们极力动员，有时甚至不惜以吵架的方式解决。经过努力，全村200多户有198户参加了义务清理垃圾的劳动，仅用三天时间就把积存多年的垃圾清理好了。

此事过后，妇女协会组织成立了村建理事会，理事会由居住的7个巷道推举出的28位有公益心的代表组成。有了这次成功的经验，大家都干劲儿十足，理事会成立后便一鼓作气再次动员村民完成了全村的道路硬化和修排水渠。其中入村出村的路口，是由村建理事和一些热心的文化活动骨干来共同完成的。就这样，前后花了七十多天的时间，历届村两委都没有解决的令所有村民都头疼的事，被这个妇女们自发组织起来的村建理事会解决了。路修好后，理事会为了巩固卫生整治成果，解决垃圾随处倒放的问题，组织成立了一支以老年人为主的义务卫生监督队，对乱倒垃圾的农户进行监督。一旦发现，由理事会发动舆论谴责改正，在当时取得了很好的效果。此事过后，妇女们的精神面貌焕然一新，信心大增，学习的劲头更足了。

- 丰富学习形式：理念带入、强人带领、外出学习

随着工作人员学习风气的上升，协会学习方式也增多，针对的人群也聚焦了起来，郑冰着力培养从农技培训及妇女活动中出现的妇女骨干。郑冰作为组织领导者外出学习的机会多，她会把在外的学习内容及时地传递给当时的骨干，完成理念的带入培养。2003年年底，郑冰被永济市妇联推荐到北京参加一家公益组织农家女机构举办的研修班，在会上结识了一批从事乡村发展工作的实践者，并首次接触到社区建设的概念，了解了全国许多其他乡村的实践经验。

这对郑冰产生了很大的影响和冲击。郑冰回去后便将社区建设的理念与大家分享学习，强调一定要自立自强。有了自己行动、自立自强的想法，后来社区里的种种社区经济和公共服务活动也就顺理成章地发生了。

此外，只要有机会，郑冰就会为妇女骨干们争取外出学习的机会，以开拓她们的视野。后来团队内部也会组织外出参观学习，外出学习大大拓宽了妇女们的视野，也让她们在精神上得到了满足和愉悦。当时骨干们是没有薪酬的，都是义务服务，参与事务。她们的想法很简单，就是想把自己的家乡建设好，让农民也像城里人一样过上体面的生活。她们将协会的会歌定为《不白活一回》。

当这种激情被激发出来，学习也形成共识之后，大家干劲儿十足。随即，在原来文化活动的基础上，开展文化合作、经济合作，并且注重生态环境的合作思

路逐渐确立下来，探索带领农民共同富裕的道路。并决定借鉴南街村的集体经济发展模式和四川生态农业的发展经验，在社区开展了经济发展项目：千亩生态园项目、手工馍坊和涂料厂。不到两年的时间就形成6个合作组织。其中，5个为经济合作组织，均采用入股合作的方式，分别为：农资购销合作社、红娘手工艺合作社、生态园、涂料厂、手工蒸馍坊；1个文化合作组织，妇女活动中心。另外，协会还和北京富平学校合作发展小额信贷业务，风生水起，大家对未来有无限的憧憬和希望。

（2）2008年至今，系统培养发展阶段

协会举办的经济项目中，千亩生态园、涂料厂、手工馍坊因经营管理等多方面问题相继失败，手工艺也因为大量超量地接订单出现了很多矛盾。农民不仅没有通过合作获得经济效益，反倒是接连碰壁。加之农村那样一个熟人社会，骨干人员觉得“没面子”，都有点心灰意冷。协会内部虽然有新人进入，但原来的重要骨干人员悉数离去（后来又相继回归）。从2007年冬天开始，协会用了整整一年的时间反思规划协会发展方向，制定了十年规划：即围绕社区公共需求和专业经济合作两条主线提供服务。而反思中比较突出且重要的一点就是管理团队的学习和培养，也是从这里开始支付薪酬大量地招聘专职工作人员，重视对本地青年的吸收和培养，力图打造一支建设农村的高素质人才队伍。

- 对工作人员的选择与要求

尊老爱幼、熟悉农村、爱学习。在蒲韩乡村社区，首先要求你是一个“有素质”的人。对思想品德与行为态度方面的要求甚为严格。每个工作人员在开始工作时都会经历面试关，有四个条件是必须符合的，孝敬父母、邻里和谐、夫妻关系良好、有积极向上的学习态度。只有事先具备这四点才有机会成为工作人员。辅导员入职会有三个月的培训试用期，针对员工的培训也更注重对其价值和人格的教育。对于刚进入协会的工作人员有一亩地、一个村、一个合作社的要求，即要求每个人自己耕种一亩地、服务一个村，包括了解村子的自然环境、人文环境，推动村子的环境改善、经济发展等；这样才能和农户说得上话。协会的工作人员还被要求一个月要有4本书的阅读量，每个人要找到自己内心的信仰。

- 青年人才培养

经历过几个经济合作项目的失败，协会痛定思痛，意识到协会的人员结构是有问题的，如果要长期发展必须吸引年轻人加入。协会开始重视年轻人的培养，并开始探求如何吸引年轻人加入。所以在2008年开始的时候协会就着手引入年轻人。但在乡村日渐衰败的大环境下，吸引年轻人留在协会工作十分不易，协会也经历了这么一个艰难的过程。因为农村是个熟人社会，连带效应很强，郑冰从认同协会工作的老骨干入手，动员他们让自己的子女回家乡。从2008年开始，随着业务的不断拓展，蒲韩开始不定期地招人，同时发动青年人带动身边的朋友、同学、亲戚来参加各种青年活动，吸引人才加入团队。与此同时，加大对青年培养的力度，内外部力量同时推动。主要是小组学习法，不管是外部老师讲课还是内部的培训都以小组学习方式进行：一方面让青年人在团队中找到朋辈支持；另一方面汇总问题，相互讨论启发，寻找解决方法，增加学习动力，使他们尽快掌握在农村工作的方法和技巧等。青年人在这里得到了历练和成长。青年农场就是在此段时间由六个年轻人提出建立的，当时这几个年轻人外出河北参加了一个晏阳初乡村建设培训，回来后就有了这样的想法，提出后，正好也契合蒲韩要发展的有机农业方向，当时一共承包了40亩地，由年轻人进行实践，熟悉农民工作，积累生产经验；同时尝试有机种植。三年后，技术逐渐成熟，2011年在社区推广，有机棉种植达到五千多亩和香港迈思公司签下合作协议，形成了长期合作关系。郑冰认为年轻人一定要懂农村，会种地，不然做不了农村工作，因为农民不会认可。所以，她会严格要求年轻人必须要到农户家里或地里调研，学会与农户交流，了解汇总信息并链接提供服务。

此外，蒲韩为青年人抓住一切可以外出学习的机会，经常组织外出培训和考察，给青年人提供了很好的学习机会，让他们拓宽眼界。同时，组织上也要求并积极支持青年人自己做事情，以使他们得到历练。

针对团队的人员结构，协会设立了两个培训班：中年素质班和青年素质班。郑冰亲自协调两个班级，引导青年人向中年人学习丰富的经验，中年人认识青年人对协会长远发展的重要性。经过磨合，中年人慢慢地接受了青年人，青年人也能虚心地向中年人请教，逐渐形成了一种师徒“传帮带”的培养模式。协会给青年人足够的时间去实践、犯错、成长，青年人在协会中的参与度逐渐提高，现已成为协会的中坚力量。而老的一批工作人员现多居于领导层，以指导干事的身份（督导）出现，渐渐地从一线退出，重点放在培养年轻人上，把自身多年的工作经验梳理成课程，为年轻工作人员讲解。

此外，团队内部倡导“人人都是学生，人人都是老师”，注重青年人的内部交流与互助，开设“青年学习交流班”，每个人梳理自我的课程，将自己的擅长之处与大家分享。为了对团队的青年人进行培养和教育，促进青年人的成长和提高，协会对青年人也提出了一定的要求。这些要求总结起来是：第一，自我认识，认清自己的特长，这样才能在合适的岗位上充分发挥自己的潜能。第二，对协会工作及农村的认识，认识到自己的责任和发展农村的需要。第三，理论知识的提升，要求每个月看几本书，提高总结的能力。协会还针对青年人的特点不断丰富改进培养方式，越来越注重青年人的自我管理与自我学习。例如：每次一项工作结束，不管大小，工作人员都已经学会了运用会议这一有效的交流机制，自我组织，将工作中遇到的问题困难及解决方法进行讨论交流，并结合工作分享自身体会与成长，这已经是每天必有的环节。2014年开始，负责培训的部门——学校，专门开设辅导员班和干事班，每周进行一次学习，针对新入职的辅导员则进行集中培训。授课老师有外部请来的也有内部指导老师，授课方式不拘泥于课堂，很多时候课堂在户外、田地里、农户家。比如：课堂结束，分小组去农户家里蹭饭，促进学员与农户交流；布置一项果品病的防治，由学员自行寻找庄稼能手询问整理答案；对于不熟悉农村的辅导员，布置去田间野外散步，认识十种当地的农作物，等等。

蒲韩很注重青年人的精神娱乐生活，会经常组织青年人进行各种体育运动：拔河、跳绳、篮球赛、节目会演、爬山、露营、黄河滩边烧烤等，协会还专门做了一些室内KTV装置供工作人员娱乐释放。这些都给年轻人带来了极大的组织认可感与归属感。

- 业务创新下的培养学习

这一时期，蒲韩的业务板块逐渐划分清晰，各个岗位职责逐渐明晰，新老业务的开展都离不开工作者的再学习培训。例如：手工艺经过三年大量的订单生产，产生很多问题，渐渐追逐经济利益也让其偏离传承手工艺的原始定位。后来经过调整反思，渐渐地扭转了方向，重申手工艺的定位为传承手工艺。

2009年开始压订单并以学习为主，招募了一批年轻人进行培养，向老艺人学习。手工艺的工作人员在不断地向老艺人学习的同时也在不断地寻求创新：当觉得本社区资源已经不能满足学习时，又开始寻求外部的学习资源，找外部的老师教授专业知识，如画画摄影之类。

- 业务拓展压力下的培养学习

蒲韩是一个发展迅速的组织，它的业务几乎一天一个样地在推进更新，如果不深入于工作场域中是很难体会得到的。这些业务的拓展都需要以工作人员的不断成长稳步推进，两者相辅相成。工作人员的能力增长可以促进业务的发展，而业务不断地推进与开拓也为工作人员带来了成长的压力与动力。

例如：蒲韩在2008年做出十年规划，对经济合作服务板块做出了调整，由于外出参访接触到有机农业，又鉴于社区内因大量使用化肥农药破坏了土壤，患癌人数日益增多，蒲韩决定开始做有机农业，随即成立了有机农业联合社。当时为了推广有机作物种植，蒲韩在青年农场先行小范围试验种植有机作物品种，待种植技术稳定成熟后，联合社的工作人员便会通过各种方式给农民讲解技术，动员引导农户种植。

对于那些接受有机种植的农户，工作人员会专门给予指导，提供技术服务。具体的服务过程通过慢慢摸索逐渐形成：首先是定期回访制度，工作人员会定期回访有机种植农户，详细地与农户交流种植过程中出现的问题并记录。其次是技术能手想办法，工作人员再行入户讲解。问题反馈到联合社，联合社会寻找组织社员中的技术能手一起讨论，寻找到解决办法后再由工作人员给农户讲解，并实时反馈信息。最后是链接外部专家力量，对于技术能手也不能解决的问题，联合社会邀请专家来实地考察解决。也是因为这样的服务过程形成，蒲韩的工作团队开始天天下乡收集信息，渐渐发现人员的不足，辅导员制度便是从此发展起来的。

工作人员的能力是不断在发展的，只要是工作有需要，又有了可以学习的条件，工作人员便要一直不断地学习，补充新知识。另外，协会在这一时期还相继开展了养老服务、儿童服务、资金互助服务、生命礼仪服务等，每一项服务拓展的背后都是妇女工作者不断学习新知识，不断再培养的过程。如在老人服务方面，蒲韩正在探索一条新途径，发展小农户生态种养殖，针对人群是仍有劳动能力的老人，蒲韩可以提供资金服务、技术指导和方案设计，让老人可以储备养老资金，以回应因老年贫困造成的养老困难，使老人更有自信和尊严地养老。除了必要的沟通工作，还需要工作人员不断学习更新生态种养殖技术。如儿童服务方面，儿童教育理念的培养、儿童夏令营内容的设计、儿童私塾的教学等这些都需要大量的、密集的指导培训。

2.干预过程

前期当地妇女的学习参与看似是纯粹的活动参与，其实不然。通过跳舞凝聚在一起，在娱乐的同时以辩论、演讲、演小品的形式将家庭和睦、尊老爱幼等内容展示出来，从而让妇女明事理，这本身是一种良好村风村貌、和睦家庭关系的理念传输。后期妇女开始参与社区建设。通过不断地参与学习活动、参与社区建设，培养了她们的公民意识。她们发掘了自身潜能，变得自信，善于与农户沟通，组织能力强，也因外出学习初步打开视野。优秀的妇女骨干在这一过程自然而然地产生。也是在这一时期，形成了蒲韩这种有效的组织形式，重点培养妇女骨干，再由妇女骨干去组织发动，形成连带效应。现在的协会核心骨干也是靠这一形式发展起来的。协会最早的这批工作人员在组织发展过程中起到了重要作用，直到现在，还有三名妇女骨干在组织中担任管理角色。

可以看出，这一时期妇女工作者的培养特点主要是强人引领，由郑冰组织带领培养，通过组织活动、社区动员、直接的学习、组织任务工作加压锻炼妇女骨干的沟通、交流、组织能力；学习培训内容主要还是农业技术、识字认字、中央政策、农家女杂志中有关家庭教育等比较贴合自己日常生活的基础培训；以外出学习为辅，开拓妇女骨干的视野。学习形式固定，以小组学习交流为主，以内部学习为主，外出参观学习和来访机构交流还不是很多，来访老师授课不多且多是指导农业技术的老师。

自2008年的十年规划做出后，蒲韩就一直延续思路按照规划走，蒲韩自2013年起不断强调要综合服务、综合发展，蒲韩乡村运行机构慢慢调整为三大块：经济合作部——永济市蒲韩种植（养殖）专业合作联合社，公共服务部——永济市农业技术培训学校和永济市蒲州镇果品协会。这三大块形成蒲韩的“不倒翁”结构，果品协会负责整个社区的公共服务，主要集中在社区三大人群：老人、妇女、儿童，学校负责内外部的培训与学习，针对农民和团队都日渐形成了一个完整的课程体系，运作模式已经成熟。而九大单项业务整合在一起实行集中推进，并在此过程中，形成的以基层辅导员为基础的服务人员体系：基层的辅导员（服务200户左右，9项业务跟上）到干事助理到业务干事（带团队5—6人）再到部门干事。各个岗位的职责有明确的规定。培养的内容也日益丰富完善，包括理念的培养、视野的培养、各种能力的建设及知识储备增进。培养的方式越来越多元，有外出参观学习，外来参访交流，内部系统培训，自我管理要求等，每个小团队也因工作而凝聚成为育人的新途径，**蒲韩渐渐发展出了一套具有自己鲜明特色的农村妇女工作者培养路径**。

（1）理念培养

①尊老爱幼、敬天爱人

乡土社会里，传统的重要性比现代社会更甚，那是因为在乡土社会里传统的效力更大。传统是社会所积累的经验。行为规范的目的是在配合人们的行为以完成社会的任务，社会的任务是满足社会各分子的生活需要。一个差序格局的社会，是由无数私人关系搭成的网络。这网络的每一个结都附着一种道德要素。蒲韩乡村社区特别注重传统的礼仪道德，如尊老爱幼、敬天爱人、讲求仁，遵循信、泛爱众等。讲求从自身做起，严格管理自己，蒲韩对工作人员培训管理的每个细节几乎都可以体现此点。如孝敬父母是首要的原则，蒲韩可以将其细致到教育工作人员先从担起家庭职责，从每月电费缴纳开始，从每年为父母添置新衣开始。这被当成一项工作来实施，组织中的指导干事会不定时入户拜访询问。对待孩子要求一定要细心爱护，绝对不可打骂孩子，正确教育引导子女，释放孩子天性，给孩子一个纯真的童年时光。类似如此的理念教育在蒲韩每天都可以听到。而这些理念也被贯穿到服务中去，在资金互助服务这一项中，如果对老人不孝敬，是没有资格享受这一服务的，而对孝敬老人的鉴别则更为细致。比如，老人的居住环境卫生不卫生，逢年过节是不是给老人零花钱、买不买新衣服等。

资金服务中的本身设计也饱含悯人情怀，对低收入的小额贷款户实行阶梯式优惠利率：其中针对贫弱农户，对2000元到5000元贷款的利率下调到月息5厘（年息6%）；对2000元以下的贷款免息，由组织贴息。

②没有你我他，只有我们大小家

“私”是农民的特点，蒲韩一直强调要农民合作，要有主人翁的责任感，要热爱乡村，建设乡村。主人翁意识的培育是漫长的，是个循序渐进的过程，除了直接的培训教育，蒲韩还通过各种公共事务的推动，来增强工作人员的责任感培养。比如，垃圾处理这项业务。蒲韩乡村社区的卫生工作是从寨子村开始的，当时寨子村的卫生状况特别差，当妇女协会提出清扫村子时，质疑的声音和困难也接踵而来。后来经过不断地动员努力，村子中绝大多数人参与进来，垃圾处理业务不断扩展至33个村子。垃圾处理业务的良性推进及村民的正面反馈也反过来给了工作人员很大的鼓励和动能，她们的内里也在悄悄地发生改变。

（2）视野培养

①轮岗

轮岗是蒲韩社区针对中层骨干培养的一种方式，实行一个季度一轮岗。它使得工作人员的角色具有一定的灵活性，也极大地提高了团队的适应性，使团队对单个成员的依赖性减少。同时，更重要的是，进行轮岗轮换的角色交流与互换，让彼此能站在别人的角度上考虑问题，使工作人员学会理解、尊重，并对责任有所承担。同时，也让工作人员通过体验不同的工作岗位，发现自己的所长，知道什么更适合自己，对自己有一个准确的评估。蒲韩走的是一条整合发展的路，这条路需要大家具有整合的思维，进行整合服务，这无疑需要每个部门的紧密配合。工作人员也不能只专注于自己的单项业务，而是要能看到他人。

②外出学习

蒲韩乡村社区设立员工成长学习交流基金，能力突出的员工每年享受1000—2000元的外出学习基金补助。几乎每位工作人员每年都有外出学习的机会。外出学习交流对一个人的思路发展，角色定位、更好地认识自己的组织和工作都有很大的帮助。外出学习也有多种形式：既有团队内部组织外出学习，也有个人或几个人一起外出参与会议和短期培训；还有外出调研。蒲韩有一项农产品统购统销的业务，一直都在做市场调研。另外还有和外界不同区域进行农产品互换的计划。这些都需要有丰富的信息流支撑。蒲韩适时地将一些骨干人员抽离外出调研市场：一方面收集调研信息，另一方面提升调研能力，开阔了视野，在业务的开展中容易形成一个整体把控的思路。

③来访交流

蒲韩社区管理团队已经正确地把握住了乡村社区建设的定位，以社区服务为本，打好社区组织化基础；以组织为依托，开发服务类创收项目；发挥本地资源优势，充分抓住外部机遇，适时发展产业项目。整个社区已然进入良性运行的轨道，实现经济事业与公共服务事业综合发展的稳定局面。由于社区内业务开展众多且进展良好，很多机构慕名前来参观学习，也吸引了很多专家学者、政府官员到此调研参访。这给蒲韩带来了巨大的学习资源。

每个到来的参访人与机构，蒲韩都会与其进行双向交流，信息互换。这也让蒲韩的工作人员开阔了视野，看到了形形色色的机构，彼此取长补短。蒲韩也有丰富的教师资源，这些老师一般都会从自己的专业出发对蒲韩进行解读，带给蒲韩的就是不同的视野发展。蒲韩对经常到访的老师也给予了定位。比如：杨团老师主要负责组织结构与方向的指导，杨雅茹老师主要负责合作社的制度方面，杨静老师主要负责组织理念，任小平老师主要是财务方面的政策学习。

蒲韩的发展深受国家政策的影响，每次国家关于农村、关于合作社的政策出台，都对其发展有很大的影响。除了一些外部资源的学习，蒲韩很注重国家政策的学习，尤其是有关农村的发展政策。中央一号文件，工作人员几乎人手一份。蒲韩还会组织观看一些三农专家关于农村建设的解读，如对温铁军视频的观看学习。

蒲韩很注重培养工作人员从大环境、大政策下考虑农村问题、合作社发展的意识。这种看问题意识的培养是在培养工作者时很容易忽略的一点。

（3）能力培养

①自我认知："九型人格"学习

蒲韩每一个新入职员工培训，都有一周的自我认知培训课程，让工作人员首先对自己有一个整体认知，形式很多样，包括一些团队游戏设计，生命故事交流分享，在说故事中间梳理自己的成长，一个比较重要的方式是"九型人格"学习，将人格按照不同的特点通过一系列的表述划分为九种，学员们通过测试，自我对照，找到自己的性格特征。

②沟通能力：课程培训与实操练习

➢ 农户方面的沟通

蒲韩的经济与公共服务模块已经成熟，依托最基础的包户辅导员制度，不断地推进完善工作。辅导员制度即辅导员承担分片包户，到自己负责的片区区域内的农户家中访谈，了解人口、耕地、农作物种植、日用品需求、儿童老人需求等情况并建立农户档案，及时了解更新农户的各种信息，这些信息会通过微信群、每日的晨会或周、月例会上与其他工作人员互通。这种信息互通的机制，可以快速精准地对农户多样化的需求做出回应。在蒲韩有一个"八二理论"，即所有的工作中，入户工作占80%，其他占20%。农户工作是各项服务的基础。能不能很好地入户，首先是对农村是否了解，对农民是否了解，对农业是否了解。

辅导员在入职培训最重要的就是入户培训，由老干事们梳理自己的经验成为课程，总结提炼要点并配合实例启发教学。具体技巧有：按情境找话题；户间引荐，由熟悉的农户引荐陌生农户；顺着对方找话题，先客后主；入户前做准备，访谈后做总结交流。由于蒲韩80%的活动都在农户间，所以每天晨会结束后，辅导员就会下乡，这样一种密集的实操互动让辅导员们的成长十分迅速。

➢ 与政府方面的沟通

蒲韩与地方各级政府的关系都处理得非常好。与政府进行有效沟通是蒲韩工作人员做服务需要具备的能力。蒲韩的服务范围涉及43个村，做什么事情都要与村两委搞好关系，有村两委的支持，一件事情就很好推进。这里的沟通原则有三：首先，理解政府的难处。政府善于大的政策制定，集中推行，但由于人力有限，有时对细节处理会有心无力。其次，不参与各村的行政事务，协会本着做好事情的心来做服务工作，但对于和村两委没有达成一致的、村两委不同意的项目一定不做。蒲韩每年都会邀请村干部座谈，把全村各方的人才动员起来，相互交流，村两委也非常支持协会的工作。这样的原则直接作用到工作人员身上，在工作中就会有“四两拨千斤”的效果。最后，不向政府伸手要钱。政府一直有各类补贴，政策也越来越好，但很多时候农民习惯了“等靠要”，长期形成了一种惯性依赖，不管是对农村还是对组织的长远发展都是不利的，因为到最后要发展还是要农民自己动起来，主体性不出现，是没有发展的生命力的。

➢ 团队的沟通

团队中应该加强沟通，这是工作人员之间的信息交流及感情交流，有利于工作人员了解情况、充实知识、协调人际关系，有利于工作决策。制度化的会议是最有效的沟通。蒲韩大大小小的会议已经成为机制，如晨会、每天工作结束群里发一句总结和感受分享、周总结会、月总结、年度总结，还有一些针对工作的临时性会议。

蒲韩还有意识地培养人的表达沟通能力，对表达能力不强的有意识地给予更多锻炼的机会，如向外来参访团介绍蒲韩，手把手地带工作人员。团队中的沟通无处不在。由于每个个体都不相同，在工作期间难免会有冲突，对此如何处理，蒲韩也有培训引导，除了专门的团队建设课程，针对沟通培养教育无处不在，最显而易见的当属会议中的引导培养。蒲韩提倡将冲突与不满直接沟通，当即解决，平等沟通，不放过任何一个团队互动沟通的机会。

③组织能力：走乡串户

蒲韩最初就是靠走乡串户这种形式将农民组织起来的。所以，对工作人员组织能力的培养一直是蒲韩非常重视的。辅导员每天晨起做操，每个月要到自己负责的片区里去组织做操、跳舞，组织培训和学习。逢年过节还要组织本村的人搞一次100人左右的活动。这都是辅导员组织能力的培养体现。

④领导能力：压担子

作为领导如何带人？第一，要自己清楚所做的事情；第二，做好一件事情需要多少人；第三，找到人后如何带人成长？蒲韩在制度层面设计上，是有一套晋升机制的。从辅导员到干事助理再到部门干事，最后到组织负责人。晋升与否完全看工作人员的个人能力与上进程度。蒲韩也会在合适的时候有意将年轻人外推，让年轻人承担，将年轻人提到领导层，给他们压担子，锻炼他们的领导能力，让他们摸索带人、带团队的方法。

（4）专业知识储备培养

蒲韩相关工作多，业务量大，这要求工作人员必须具备一定的专业知识，如社会工作知识、财务知识、金融知识、市场营销知识、儿童教育知识、合作社知识等。这一块的学习除了送个别工作者外出学习之外，主要依靠外来专家学者，通过集中大块时间或零散授课的方式进行，课后蒲韩配以相应的书籍来补充消化。每次课堂学习后，蒲韩都会组织小组讨论分享，且要结合自己的实际工作，运用所学知识，及时地反思总结，批判性地吸收。例如：关于市场营销课程的学习结束后，蒲韩就要求工作人员将老师讲的有关案例转换成自己的，比较自己的工作与专业营销，分析工作中做得好的和不足的地方，为蒲韩的产品想一个营销方案等。对于老师课上推荐的书，蒲韩会及时进行统一购买，配合课程进行阅读。营销课程学习后，蒲韩就购进老师推荐的《活法》《海底捞你学不会》等相关营销理念书籍，分发到工作者的手中，要求学习分享。

（5）生活中的组织文化渗透

蒲韩对工作人员的培养不只是单纯地进行知识教育，而是将教育寓于和工作人员息息相关的生活之中。例如：在衣食住行方面，“衣贵洁，不贵华”，“不染发，不穿短装入户”；“吃在当地，吃在当季”；“再造书香门第”，如不提倡将电视机挂在客厅的正中间，家里要买书架，应使用实木家具；在出行上尽量选择步行，环保；在婚丧嫁娶、生老病死方面，倡导不铺张浪费，谨记办事的初衷，厚养薄葬，为急需用钱的工作人员提供资金帮助。蒲韩是一个非常注重传统的组织，也是一个对自己区域文化充满自信的组织。蒲韩的每个工作人员说起家乡的历史都头头是道，充满自信。蒲韩非常注重培养工作者对自己家乡的热爱，对家乡传统文化的热爱。比如：工作者一周必须看望一位90岁以上的老人，听老人讲村庄的历史故事；每个工作人员都有自己的责任片区，蒲韩要求每位工作人员都要给自己的片区起一个名字，这个名字的背后一定要说出个所以然，这需要工作人员对自己服务的村庄有一个非常精准的了解和把握。此外，对外的交流也让工作者更加了解家乡的文化，产生一种文化自信。

协会的月会也独具特色，除了基本的工作汇报之外，会进行现场的评比，各个部门也会有才艺展示，会议上会有一个主题的学习和分享。这种内部的互动方式，让工作人员相互了解和熟悉，部门间互通有无，形成团队凝聚力，协会的文化也在这种内部学习过程中体现。每天的晨颂："一众今在，慧风和畅，贤以同学，缘不思量，如琢如磨，乃韵芬芳，歌咏不绝，友爱无疆，世间至美，共叙馨香。"每次上课前对老师行感恩礼；每天的国学诵读和早操："感恩天地国家；感恩祖宗父母；感恩天下老师及古今圣贤。"这些都不仅仅是一种规范，而是一种仪式，体现了他们对自己所做事情的尊重。

此外，蒲韩要求工作者每人选择一首自己最喜欢的歌作为标签，每人选择一项乐器学习，每人选择一项爱好坚持，这些在上班时间也可以落实学习，给了工作者极大的精神丰富。

蒲韩乡村社区培养妇女工作者的路径总结：

蒲韩乡村社区培养农村妇女工作者的路径，总结下来是：在工作上全方位培养工作者，在生活上达到组织文化的细致渗透，使得理念内化于心、外化于行。

从培养历程来看，前期当地妇女的学习主要以文娱活动为主，在娱乐的同时以辩论、演讲、演小品的形式将家庭和睦、尊老爱幼等内容展示出来，从而让妇女明事理。这本身是一种良好的村风村貌、和睦家庭关系的理念传输，让她们慢慢参与社区建设，通过不断地参与学习活动、参与社区建设，培养她们的公民意识。随着组织的不断发展、壮大、成熟，岗位开始细分，职责开始明确。培养的内容日益丰富完善，培养的方式越来越多元。

从培养的具体方式来看，理念的培养主要是传统礼治教育与现代公民意识培育相结合，使得组织形成越来越一致的价值观念。视野的培养主要是通过轮岗、外出学习、来访交流、政策学习来完成。各种能力的建设方式又可以细分出很多种类。自我认知能力方面主要依靠"九型人格"知识的学习。沟通能力的建设分为三个方面：与农户的沟通、与政府的沟通、与团队的沟通，主要是通过课程培训与实操练习来达成。组织能力的培养主要是在走乡串户的工作中完成组织任务实现能力增长。知识储备方面主要是通过外来专家专业授课，工作人员从实际联系工作消化，再配以阅读补充巩固。除了知识教育、能力建设，蒲韩还将教育寓于和工作人员息息相关的生活之中，将组织文化强烈细致地渗透到生活的各方面。总之，培养的方式越来越多元，有外出参观学习，外来参访交流，内部系统培训，自我管理要求等。

整个培养过程是内部教育与社区教育并行，具体工作与教育培养并行，由内向外开展工作，推行价值理念。内部先行既是蒲韩的工作手法又是其培养手法，即工作人员接受了理念或出于工作任务去完成，但在事务推进的过程中，各种关系的协调与沟通中，工作人员自身也在发生变化，而事务处理的正向结果及外部的认同势必会促进工作人员的自豪感、价值感。这样的过程反复发生，人也会发生质的变化，从而形成一个良性循环。蒲韩对人的培养是融入生活的，不是割裂的，是融合在服务中、工作中、组织发展过程中的。工作人员是服务者也是被服务者，服务与教育并行，伴随着社区事务推进和民众参与，点点滴滴地积累和渗透到工作人员的生活中，使协会工作人员形成相同的价值观、突破固有思维，这个力量是由内而发的。

3. 干预效果

蒲韩乡村社区“攒人不攒钱”，目前已经拥有一个非常专业的以妇女为主力的团队，且人员结构越来越健康，整体上来说趋近于老、中、青相结合。奔着朴素的“有人才就有事，有事就有积累，有积累就会前进”这种尊重人、爱惜人、不惜力气培养人的观念与指导思想，蒲韩的业务也在发展的过程中不断地丰富完善，并走向稳定成熟。

目前提供的服务主要分为经济合作和公共服务两大类。各项具体服务板块有九大类：农业技术培训、土壤转化、农资统购、日用品统购、农产品统购统销、资金互助、老人互助养老、儿童及家长农耕乡土教育、手工艺传承。这九项服务分摊在蒲韩的各个部门中，主要的执行体是蒲州镇果品协会（以下简称协会）、永济市农民技术培训学校（以下简称学校）和蒲韩种（养殖）植联合社（以下简称联合社）。

经济合作服务方面主要由联合社和城乡互动中心承担，主要有消费合作服务，包括日用品统购、农资统购、农产品统购统销，通过统一合作，集体联合起来对抗市场，为社员提供优质的生产生活服务，让利给社员；土壤转化服务，是给予种植户技术指导，做好生产过程中的各项信息记录和农业技术等服务工作，引导社员向有机农业过渡；资金服务是为农民提供生产和生活中的小额信贷服务；“城乡互动”是指促进蒲韩社区与运城、永济等更多城市消费者之间的互动，以生态产品为纽带，寻找认同和支持蒲韩社区发展理念的城市消费者，培养稳定的消费群，从而更坚定农民从事有机农业及社区发展的信心。需要指出的是，红娘手工艺合作社编在果品协会中，兼具经济合作与公共服务职能，一方面通过定量合作生产产生经济效益，另一方面兼具老人、妇女、儿童三者的互动服务。

对于公共服务部分主要由果品协会和农民技术学校承担。学校承担着工作人员和农民的培训工作，为社区培养发展人才，为农民提供技术培训，开设各种班级，如心灵手巧班、生命礼仪班、歌唱班等，丰富农民生活，提高农民素质。果品协会主要负责社区内的大部分公共服务，现统称为“六合一”。综合服务，包括对妇女、老人、儿童的服务及社区文化的发掘与传承、文明乡风的营造等。蒲韩乡村社区将服务区域划分为12个片区，根据片区内的实际需求开设各种特色服务。不倒翁学堂，为社区360位老人提供不出村的互助养老，让老人不再孤单，快乐、幸福地度过晚年生活。儿童兴趣屋，最终发展方向是旨在让3—6岁的孩子享受不出村的自然教育，对小学3—6年级的孩子进行兴趣爱好的培养，与家长密切互动，传授育儿知识，举办各种儿童教育活动，发展适合蒲韩自身的教育模式。手工屋，通过民间手工艺培训等逐渐吸引人参与，以传承和发扬具有本地文化特色的民间手工艺，让传统手工在社区内恢复。戏迷屋，主要为社区内吹拉弹唱的爱好者提供一个展示平台，形成一个自娱自乐的互动，同时影响村里的年轻人参与，使得社区内传统的道情、蒲剧、眉户等戏曲得以传承，让乡土文化可以代代相传；青年农场，主要负责组织乡村青年参与有机农业生产，进行有机农业的示范种植及推广，培养青年人对于土地的感情，培养出一批有志于农村发展的青年人才。接待屋，分设在不同的农户家里，要求所选家庭有孩子的占比达到80%，所选家庭分为两类接待屋：一种是只提供住宿；另一种是可以提供吃住服务，主要对接永济、运城消费者的农户田园接待和体验。

而以上这些服务工作，每一个蒲韩乡村的辅导员通过前面阐述的一系列培养后都能胜任，且会不断地给团队带来新想法，行成一个良性的循环。

三、案例使用说明

（一）教学与训练

1.理论知识学习

（1）赋权理论

赋权理论（empowerment theory）是根植于社会工作传统，成长于20世纪60年代的社会维护观点、市民权利和妇女运动，加上草根组织运动的孕育而形成的一种实务工作取向。1976年，所罗门（Solomon）出版了《黑人增权：受压迫社区中的社会工作》一书，标志着赋权取向的实践在社会工作专业中的诞生。赋权的概念是：个体、群图以及社区控制自身环境、行使权利和实现目标的能力，在独立与合作的过程中帮助自己和他人最大化地提升自身生活质量的过程，强调边缘化与被压制群体获取控制自己生活的权利。

赋权的视角强调个人的主观能动性和潜能，强调个人有能力、有机会为自己的生活做出决定，并采取行动。同时，赋权的核心就是通过资源的提供、知识和能力的培养，个人能够从生活中被动的弱者，变成主动的强者，这样他们控制自己生活的能力就会得到提高。赋权主要是在三个层次开展，首先是个人层次，即个人感觉到自己有能力去影响或者解决问题；其次是人际层次，强调通过个人与他人合作促成问题解决的经验；最后是政治层次，主要是指在宏观层面促成政策或政治层面的改变。

（2）妇女赋权

“妇女赋权”这一概念的出现，是全球妇女运动尤其是第三世界女权主义者所引发的若干重要批判与辩论的结果。在80年代，女权主义者开始对那些未能对改善妇女地位做出重大贡献的发展战略和基层干预活动提出批判。她们将其失败的原因归诸采用福利、扶贫及管理的方法、而没有关注造成对贫困妇女压迫和剥削永久化的结构性因素，提出将妇女组织和动员起来以实现其长期的战略性利益是至关重要的。赋权的概念正是据此发展而来的。

80年代末90年代初，赋权理念被介绍到中国，应用到一些农村发展外援项目，在这些项目中，妇女不同程度地参与发展中，提高了自身的能力，推动了社区综合的、可持续性的发展。高小贤在谈农村妇女赋权的丹凤个案中提出关于实践“赋权”概念的原则及策略包括：贫困妇女充满改变的能力，只要给予资源和机会；贫困妇女是发展的主角；贫困妇女有权决定发展的目标、方法和结果；意识提升十分重要，让妇女体察社会性别制度如何影响两性的发展，妇女的地位如何受社会结构、政策、文化的影响。赋权的过程是一个能力不断培养和建设的过程，并提出网络建设是向妇女赋权的一个好途径。陈宇总结我国社区发展中的农村妇女赋权模式主要有经济需求、实用性需求和战略性需求三种赋权模式。三种赋权模式在推动农村妇女参与社区发展之中都发挥了不同的作用。

国外学者白利瓦拉（Batliwala）将妇女赋权定义为妇女获得对物质的和精神的资源控制，挑战社会制度和社会结构中的父权意识形态和基于性别的妇女歧视。国内学者冯媛对“妇女赋权”的内涵做了进一步分析，指出“赋权”的核心含义不是外在的给予或允许，而是对内在的能力的确认和发挥，是妇女发起和推动其他社会机构积极回应的改变现状的行动。即赋权妇女实际上是一个过程，而不是一个可以给予的东西。赋权是指人们有能力认识自身的真实处境，并且能够采取行动改善自己的处境，以获得控制自己生活的权力，包括经济、社会、性和生殖权利。妇女赋权理论主要来自第三世界的女性主义研究和草根妇女组织的经验，代表了第三世界女性对发展问题的看法，和其他发展路线不同的是，它强调增强妇女自己的力量，这种力量不是统治别人的权力，而是提高妇女自我依靠和内在力量的能力，进行生活中的选择，并通过自己的能力，控制关键的物质及非物质资源，从而对变革的方向施加影响。妇女赋权的基本条件包括：赋权是个平等合作的过程，是当事人与伙伴一起进行工作，而不能看成一个有权的工作者给无权的当事人；在赋权的过程中要把妇女看成有全能和有才能的，而不能仅仅把妇女当成被动资源接受者；实现赋权，需要给当事人创造一个主动做事的环境，增加资源，创造机会；赋权提高当事人应变能力进而增加有效运用资源的能量；通过个人和社会经济发展这两个平行的结构取得成功；个体觉醒的水平是赋权的关键。赋权过程是能动的、协同的、变化的和发展的。

在赋权的过程中，主要对主体的内在知识、个人意识、信仰、价值观和态度进行创造和维持，也就是使其能够获得对自身的意识形态的内在控制。此外，它还要将这些内在创造和维持的知识、个人意识、信仰、价值观和态度外化为行动改变。通过这些行动改变，不但使主体增强了自信和提升了能力，还能够使他们通过自身的改变来促进环境的改变，在一定程度上可以作为主体对生存环境（包括物质、人力、智力等方面的资源）来获得较大的外部控制。社会性别平等意识作为深层赋权的标志，使主体能够认识到社会性别制度的压迫和性别不平等关系的问题所在并对不平等提出挑战。

蒲韩对妇女工作者的培养，使她们认识到自身的价值，让她们拥有了选择生活的权利和主动权，并自发组织起来，越来越有主体性，主动性地参与社区事务发展。

2.能力训练知识点

（1）分析案例的能力。通过案例，让学生学会运用赋权理论来分析妇女工作者培训的问题；让同学们了解妇女发展服务作为妇女社会工作的内容之一，有其面临的复杂和多样性，锻炼学生们分析、总结、提炼、概括的能力。

（2）增加学生对社区发展的理解。通过对此案例的深入分析，训练学生具备的思维方式和有效灵活的工作方法，增加学生对农村社会工作的认知、对社区发展的认知。

（3）社会工作价值观的训练。该案例中社会工作价值观讨论的内容通过案例分析，训练学生们在实务过程中应该秉承的价值观，以便其在之后的实务过程中，能够坚持社会工作的基本价值观；如到农村社区做入户工作，如何将社会工作者的价值观运用进去。

（4）逻辑及视野训练。通过这些案例透出的信息，去了解中国本土妇女社会工作，扩大视野，体会有生命力的案例，并对案例中出现的问题，提出假设与分析，找到仍不能被当地社区克服的薄弱环节，分析个中逻辑，分析解决方案。

（二）思考题

1.你如何理解妇女发展？如何看待女性在农民组织发展中的作用？

2.从这个案例中能否找出与我们所学的社会工作的理念、方式、方法上的异同点，有什么启示？

3.学习这个案例后，你如何理解社会工作的专业性？

4.做一名合格的农村社会工作者需要具备哪些知识？

5.如何看待农村、农民、农业？如何理解农业文明？

6.有意返乡做公共事务的学生认为自己还有哪些方面需要提高？

7.你对内生型与外部力量推动的社区改变有什么观察？

……

（三）讨论与分析

1.采用讨论法分析此案例

讨论法是在教师的指导下，学生以全班或小组为单位，围绕教材的中心问题，各抒己见，通过讨论或辩论活动，获得知识或巩固知识的一种教学方法。优点在于，由于全体学生都参加活动，可以培养合作精神，激发学生的学习兴趣，提高学生学习的独立性。运用讨论法的基本要求是：

（1）讨论的问题要具有吸引力。讨论前教师应提出讨论题和讨论的具体要求，指导学生收集阅读有关资料或进行调查研究，认真写好发言提纲。

（2）讨论时，要善于启发引导学生自由发表意见。讨论要围绕中心，联系实际，让每个学生都有发言机会。

（3）讨论结束时，教师应进行小结，概括讨论情况，使学生获得正确的观点和系统的知识。

2.理论依据：参与式理论

参与式是一种协同式的培训方法，这种方法以学习者为参与主体，充分应用灵活多样并且形象直观的培训方式，鼓励参与者发挥主观能动性，成为其中的积极因素，通过培训者与学习者之间以及学习者与学习者之间的信息交流与反馈，帮助学习者能深刻地领会和掌握所学知识，并将这种知识与实践相结合，是一种主体参与决策的培训手段。这种方式强调学习者的主动性和参与性，以及他们在学习过程中的真实感受。在参与中，尊重每个组员发表的意见，在意每位组员关注的点。希望在轻松的氛围中带动每个同学的参与，敢于表达自己的想法，让他们在与同学的互动中，了解彼此的观点，掌握本节课的知识点。

3.知识点梳理的过程

（1）案例中的服务是如何实施的？具体运用了社会工作中的什么工作手法？

（2）案例中的服务成效如何？

四、案例使用要点

关键点：让学生理解案例中的逻辑，人的发展与组织发展的关系、可持续地做一件事情、本土知识和经验的重要性。

难点：理论分析。

限制：与案例相关的内容较多，只能选取部分做分享。

注意点：不要脱离组织发展看工作者培养问题。

五、教学计划与建议

（一）教学计划

1.课前准备：要求学生课前组成小组。小组任务包括：课前阅读相关资料和文献（如妇女发展、农村妇女工作者在组织中的角色、农村合作社相关研究、农村社区工作等），要求写出文献报告，讨论案例，制作PPT，每组选出一名代表汇报。

2.课程过程中：针对案例进行学习与分组讨论（思考题），结束讨论，分享讨论结果。

3.课程结束后：对课程进行总结回顾。

（二）教辅手段或工具

大白纸、白板笔、宝贴、多媒体、电脑等。

（三）教学监测和评估

1.根据学生当堂对思考题分组讨论的情况，了解学生是否掌握了本节课的知识点。

2.学生当堂谈论感受的过程，可以掌握学生的理解程度并且给予她们及时的回应。

3.分组后每组轮流做课堂反馈，每堂课上课前分享，内容可以包括对老师上课时的建议及对课堂内容的反馈。这个反馈在课下通过采访同学的方式收集资料，并对资料进行一定的分析和整理。

4.课程开始前和课程结束后，分别填写一些问卷，对学生进行前后测问卷的测量，问卷内容包括上课的知识点，对妇女社会工作设计的一些理论的理解，对老师的看法等，评估课程效果。为了确保案例教学过程能促使教学目标的达成、延伸以及教学质量提升，学生分小组完成课后以及课上的相关作业。选出组长负责统筹监管，要求任务分工具体。

（四）案例使用延展建议

1.可适当结合社会性别视角与发展理论，分析妇女在组织发展中的作用等方面，认识社会性别给妇女带来的影响。

2.可以作为农村社会工作案例。案例中的工作理念和工作方法对于农村社会工作的理论和实践模式的建构具有借鉴意义。

3.可以作为本土性社会工作案例分析。案例中，作为本土的智慧所创造的工作机制和工作方法对于构建本土性社会工作具有借鉴意义。

入院病患的社会工作干预服务

——以肿瘤患者的干预为例

俞鑫荣　王献蜜

一、课程基本信息

（一）教学目标

1.掌握医务社会工作者的职责与角色定位。

2.掌握医务社会工作者提供服务的过程及主要步骤。

3.了解医务社会工作者在医院内开展工作的工作内容及工作方法。

4.了解医务社会工作者对于住院患者肢体康复的具体干预过程。

（二）教学主题

医务社会工作实务教学、医务社会工作院内教学。

（三）教学内容

1.了解部分医务社会工作的服务目的、角色、范围及对象。

2.医务社会工作的实务案例分析。

3.医务社会工作个案工作的具体流程。

4.医院领域内社会工作的内容及工作方法。

（四）教学对象

修习医务社会工作相关课程的学生、从事医务社会工作相关内容的工作人员。

二、案例主体

（一）案例背景

2009年3月17日，中共中央、国务院发布《关于深化医药卫生体制改革的意见》，其中明确指出："完善医疗执业保险，开展医务社会工作，完善医疗纠纷处理机制，增进医患沟通。在全社会形成尊重医学科学、尊重医疗卫生工作者、尊重患者的良好风气。"确立了医务社会工作在我国医药体制改革、构建和谐医患关系中的重要地位，发展医务社工制度上升为国家战略。

2010年1月8日，司法部、卫生部发布《关于加强医疗纠纷人民调解工作的意见》，文件指出："积极发挥人大代表、政协委员、社会工作者等各方面的作用，逐步建立起专兼职相结合的医疗纠纷人民调解员队伍。"指明了医务社会工作者在医院内的定位及作用。

2011年11月8日，中央组织部、中央政法委、民政部等18个部门和组织联合发布了《关于加强社会工作专业人才队伍建设的意见》，文件中指出："明确相关事业单位社会工作专业岗位。……对学校、医院、人口计生服务机构等需要开展社会工作服务的单位，要将社会工作专业岗位纳入专业技术岗位管理范围。"明确指出医务社会工作作为一项专业技术岗位在我国医院内的专业位置。

通过医务社会工作者的发掘，为一位来自陕西省汉中市的患者提供了医务社会工作的介入服务。

（二）案例描述

服务对象沈某25岁，大学本科毕业后，在全国五百强的一家企业的分公司中担任会计室的总会计，个人能力较强，除承担会计工作外，还有一些审计、税务方面的工作都要服务对象完成。由于太辛苦，沈某就把审计和税务工作交给别人做了。患病前其独自居住于公司的员工宿舍，户口在当地的人才市场，为城镇户口，有职工医保，未婚但是有女朋友。

服务对象的父母均为普通农民，家在陕西省，种植水稻，有10亩地，但粮食的销售情况不算好。父亲55岁（2012年时），健康状况良好，有两个姐姐，分别在广州及新疆担任教师，关系很好，但平时联系不频繁。

2012年4月初，服务对象沈某出现感冒症状，吃药未见效后，独自到地区医院就诊，就诊过程中给父亲打了电话，父亲立即赶到医院陪伴沈某就医。在地区医院时，医生诊断沈某患有神经瘤，但地区医院对该病无法治疗，建议马上去大医院看。这一阶段内，沈某能自主走路，正常进食，但语言表达稍微受点影响。

到地区医院就诊后，沈某与其父亲又去了陕西省汉中市最好的医院，诊断结果仍是神经瘤，并确诊神经瘤长在脑干上，位置特殊，无法治疗，建议到北京市天坛医院就诊。这一阶段内，沈某已经无法自己走路，语言能力受到严重影响，沈某父亲立即决定当天到北京，案主与父亲于4月8日到达北京，在北京市天坛医院就诊。

天坛医院的医生会诊后，4月10日对沈某做了脑干神经瘤切除手术。神经瘤导致脑干有出血，致沈某右半边半身不遂，言语表达出现障碍，智力和记忆力受到轻微的影响。从手术室出来后，沈某在监护室住了4天后，又转到普通病房住了6天。从4月8日入院至4月26日出院的过程中，沈某一直处于昏迷状态，医生多次下达病危通知书。出院时在医生的建议下，到北京市某二级医院进行康复训练。在就医期间服务对象沈某并没有向公司正式请假，但公司知道服务对象患病的事情，服务对象的工作暂时搁置，家庭经济状况不稳定。

就诊过程中，沈某的父亲每日在医院陪护，母亲在家打理家中事务，沈某的两个姐姐为沈某提供情感上的支持，女朋友在沈某发病后，不仅亲自到过北京一次，而且在家乡帮助其处理问题，办理各种事项。平时会打电话，为沈某提供感情上的支持和慰藉，在服务对象沈某准备出院的前两天其女朋友表示还想到北京看望服务对象，了解到服务对象准备出院后而作罢。服务对象沈某的姑姑在北京打工，目前没有工作，会给沈某送饭，有时也会照顾沈某。

沈某此次就诊过程中的花费均由其父母承担，虽然沈某生病前已经开始自己挣钱，但此次生病的大笔钱款仍由其原生家庭提供（沈某生病前，其父亲希望把农村的房子修缮一下，但是由于服务对象的反对，于是打算在城里买房，而此次看病，用掉了原本打算买房的钱）。服务对象的父亲不清楚此次就医的钱是否能够报销，认为就算能够报销也只能报销一小部分。

服务对象沈某在北京康复时期，医务社会工作者小方（化名）通过对患者评估及探访，与沈某建立起了专业关系，了解沈某的基本资料，形成个案基本资料表以及开案报告及分析评估表，为沈某提供了专业的社会工作服务。

康复训练过程中，沈某自身心态积极向上，积极做康复训练，努力练习，对疾病的适应情况良好，经常自己主动要求加练，并且高质量完成康复项目，常常在康复师带其练习完后自己加练近一个小时。服务对象的父亲表示服务对象沈某希望自己能够走路，并且上楼梯，但是康复师的意见是不能直接练习走路，要将基础的训练做好，将来走路才能好看。服务对象沈某的主治医生认为其目前力量没有问题，主要是神经康复的事，而神经康复需要比较长的时间来慢慢康复，不用做太多的训练，要练习一些精细动作的控制，如果康复情况好，想恢复到之前的水平是有希望的，也许不能完全达到得病之前的水平，但通过练习，不让别人看出来行动有异常是完全能够达到的。康复师表示，案主的语言能力有些受损，语音语调不够正常，说话听起来是平的，而且记忆力有些受损，可以通过唱歌、读课文来进行一些声调的练习。社工通过向服务对象询问得知其喜欢韩磊，故打印了一些歌词，找到一些诗词，以便于其练习。在与社工沟通的过程中，服务对象的思维很清晰明确，智力没有受到明显的影响。

沈某认为其每天在病房打的一个很贵的针没有必要，现在最主要的是做康复训练，而且目前只有康复训练的效果最明显。他也表示希望以后回到汉中再找间能做康复训练的医院，开销会少一点。社工问沈某回去以后做什么工作，是否担任总会计的职务，沈某说“那都不敢想了”，先把康复做好了再说。

沈某的父亲认为，监护室的护士及护工对案主不好，在监护室期间，案主严重消瘦，鼻饲的导管不通营养液无法流入，怀疑护士及护工将营养液倒掉，而普通病房的护士对案主很好，两个病房的护士差别很大。对于在康复医院的康复治疗很认可，但是其认为不同康复师对待患者和治疗的态度不同，导致康复效果有差别。对有的康复师印象很好，对个别康复师的印象不是很好。

服务对象的父亲表示服务对象不太爱与其沟通，有一些事情并不太清楚。从小到大，案主一直是班长，因为案主父亲本人对政治不感兴趣，认为政治过于空洞，还反对过案主当班长的事情，后来案主的辅导员亲自劝说案主父亲，案主父亲才认同了这件事。服务对象的父亲对一些事情有一定的见解，自己表示，虽然只有初中文凭，但他一直坚持自学。服务对象的母亲是一名普通的家庭妇女，有时候对待案主会有些唠叨（从服务对象父亲口中得知，有待进一步确定）。

沈某出院时，其父亲表示对医务社工的服务很满意，认为社工对他们的帮助很大。

（三）干预过程及效果

1.帮助服务对象沈某熟悉服务对象所患疾病及医院环境

在对沈某进行个案介入的过程中了解到由于其发病急促，又马上到北京就医，对其所患疾病没有时间进行了解，服务对象及家属对医院以及疾病的情况不清楚，对于术后的恢复、肢体生理功能康复的相关知识都不太清楚。社工通过查询一些专业的知识，咨询了服务对象的主治医师和康复师后，将相关医疗知识向案主及家属进行介绍，对服务对象的健康问题有所帮助。

2.为服务对象链接社会资源，缓解服务对象在就医过程中的经济压力

服务对象此次就医花费十余万元，对于农村家庭来说这笔花费算是巨大，如果不能报销，那么对于这个家庭的打击应该不小，但服务对象的父亲对于报销的事情一无所知，也不知道能不能报销，虽然现在是说不考虑这些问题，但心里担心。社工帮他们找一些报销的政策，了解适合案主的报销情况及报销方法，告诉服务对象及其父亲，缓解服务对象对于经济压力的焦虑，减少他们的担心。由于服务对象本人有职工医疗保险，故医务社会工作者又帮助案主找了一些不同地区不同医保类型的报销制度及政策，缓解案主及其家庭经济压力。

3.调节服务对象的心理适应问题

通过与服务对象聊天，观察其疾病适应情况以及心理活动。服务对象的个人能力一直较强，很可能对人生有很多计划，突然遭遇这个事情，使服务对象心理的适应出现一定的需求。虽然服务对象很积极地面对疾病并积极配合治疗，但在心理上对突然到来的疾病还是有一些不适应，需要对这一方面进行关注。此外，案例中服务对象的工作问题也是影响其心理适应的重要因素，需要进行适当的调节。

4.改变服务对象的父亲对于个别康复师的主观负面印象

针对服务对象父亲所说的不同康复师的情况进行了解，向服务对象父亲解释不同康复师有不同的情况和训练方法，要给人成长的空间，康复师也需要成长。服务对象的父亲接受并认可对于不同康复师有不同训练方法的观点，有助于与康复师的沟通，有利于服务对象的康复。

5.减轻服务对象家属的忧虑

服务对象的父亲担心服务对象是否能够恢复到以前的水平，社工向服务对象的主治医生和康复师询问案主目前的情况，了解到服务对象的主治医生及康复师对于其康复情况持积极态度，前景乐观，使服务对象的父亲感到安慰，减轻了服务对象父亲的忧虑。

6. 与服务对象一同制订合理的康复计划

康复计划很重要，一方面是因为案主要出院，所以回家后的康复计划才是决定他长久生活的重要部分，另一方面也是由于案主非常年轻，康复意愿也特别积极。（1）体能训练。服务对象每天锻炼的时间过多，量也很大，尤其是在回家以后，没有康复师在旁帮助和纠正，一些错误动作可能得不到及时调整，过度的活动可能会对康复起到反作用。康复师认为案主不需要过多的力量方面的训练，但是还是要有力量了才能继续做精细动作，之前案主卧床将近一个月，神经瘤以及因手术受影响的手臂肌肉确实有萎缩，力量也大不如从前，但康复师强调案主不能太累，物极必反，要慢慢来，才能达到最好的效果。服务对象认为由于其一直没有锻炼，所以肌肉有萎缩。（2）服务对象嘴巴与舌头的训练。服务对象说话还算正常，康复师表示服务对象平时需要多做一些记忆力的训练，如做一些脑筋急转弯，或者记一些东西，做一些算术。

三、案例使用说明

（一）教学与训练

1. 理论知识学习

（1）任务中心模式

任务中心模式起源于20世纪60年代中期，发展于70年代，是由雷伊德（Reid）和爱泼斯坦（Epstein）大力提倡发展而成的一种个案工作方法。它把焦点放在问题上，强调运用任务和有限的时间去解决或减轻服务对象所认定的问题。

任务中心模式的基本假设：①强调服务对象自身的能动性，相信服务对象具有解决问题的能力与潜能；②目标是服务对象的问题而非其自身，根据问题所设立的任务是具体的、有限的；③人的生活与成长是一个不断解决生活中问题的过程，当无法解决问题时就会产生问题。

问题可以分为：第一，服务对象知道这个问题的存在；第二，服务对象承认这是一个问题；第三，服务对象愿意处理这个问题；第四，服务对象有能力处理问题。

该模式下服务对象拥有自决权和自我决定的能力，必须愿意为达到任务而做出努力，这样才能达到目标。任务是有明确计划的，需要同时考虑服务对象的问题、解决问题的期望和解决问题的能力。

在对服务对象沈某介入的过程中，由于时间有限，社工将焦点集中于服务对象现有的问题上，主要目标在于解决或减轻服务对象的问题。在本案例中，服务对象沈某的主要问题为手术后的康复过程中所遇到的问题，在这一过程中最重要的便是帮助服务对象沈某制订合理的康复计划，帮助其通过正确合理的康复训练，尽早康复，减轻此次就医过程对其的影响，使其社会功能能够正常发挥。

（2）社会支持理论

该理论源自鲍尔拜的依附理论，指的是一组个人之间的接触，通过这些接触，个人得以维持社会身份并且获得情绪支持、物质援助和服务、信息与新的社会接触。其具有以下几个基本假设：①人无法自绝于社会而存在；②人类生存需要与他人共同合作，以及依赖他人协助；③人类生命发展历程中都会遭遇一些可预期和不可预期的生活事件；④遭遇生活事件时，需要资源以应对问题，资源分为内在与外在两种；⑤社会支持网络为外在资源之一，可分为有形与无形两类。

一个人所拥有的社会支持网络越强大，就能够越好地应对各种来自环境的挑战。社会支持的来源主要可分为两大类：其一，正式社会支持网络，是指具有特定目标的专业机构或组织，在个人陷入危机或困难时能够为其提供所需的援助，主要来源于公共的政府服务部门；其二，非正式的社会支持网络，具体指无结构的结合而产生的社会联结，无特定组织，通常是基于情感或责任，其来源主要是个体的亲朋好友等初级群体成员。以社会支持理论取向的社会工作，强调通过干预个人的社会网络来改变其在个人生活中的作用。特别对那些社会网络资源不足或者利用社会网络的能力不足的个体，社会工作者致力于给他们以必要的帮助，帮助他们扩大社会网络资源，提高其利用社会网络的能力。

在本案例中，服务对象沈某在其生命发展历程中遭遇到了不可预期的生活事件——神经瘤，原有的生活平衡和生活秩序被打乱，需要增强相应的内在动力和外部资源，来应对该突发的生活事件，重建新的生活平衡。内在动力包括自我的认知、性格特性以及对生活的掌控感等；资源包括来自家庭等非正式支持，以及医院、社会政策等方面的正式支持。对于沈某而言，其社会支持网络大多集中在非正式的社会支持网络，在其患病期间得到的支持来自其父母、女友、姐姐及姑姑，获得的正式社会支持较少。其非正式支持网络能够为服务对象沈某提供情绪支持、物质援助、服务与良好的社会接触，但并不能完全满足服务对象沈某的需求，尤其是在经济层面以及信息获取方面。针对这一现状，社工在对服务对象沈某提供服务的过程中会为其提供一些正式社会支持的信息，如医疗报销等相关信息，从正式社会支持的角度尝试缓解服务对象沈某的经济压力。

通过对服务对象社会支持网络的介入，帮助服务对象弥补和拓展其正式及非正式的社会支持网络，使其提升掌握建立和运用社会支持网络的能力，获得情绪、物质援助和服务、信息等方面的支持，使其能够运用网络中的资源解决基本问题，使个体在有足够的能力应对生活中的压力事件的同时还能充分发挥自身潜能。

2. 能力训练

（1）分析案例的能力。通过实际的案例，锻炼学生对医疗情景中案主问题及需求的分析能力，挖掘案主多样性需求的能力。本案例中，医务社会工作者为案主提供的服务多样，有涉及案主合理康复的介入，有针对案主心理调适的介入计划，也有涉及案主家庭层面的介入，如服务对象父亲认知层面的一些介入。

（2）个案介入的思路及要点。通过分析案例、讨论介入过程以及实际场景训练，训练学生对实际案例的服务策划能力和实际操作能力。

3. 价值观讨论

（1）案主自决：如何在医疗情境中开展专业干预，实践这一行为准则？医疗情景下，要求患者对医生有“遵医嘱”的要求，医院中的案主绝大部分是患者，作为医院中的工作人员，案主在与社工交流的过程中，容易混淆社会工作者与医生的角色。案主甚至会希望社工给出直接的决定。在实际干预中，社会工作者要与服务对象保持良好并充分的沟通，在干预之初强调自身的角色和功能，在干预过程中提醒案主工作的内容和限制，同时要协助服务对象建立起自我决定的信心和能力。当然，社会工作者有义务向服务对象提供必要的信息，服务对象有权利在充分知情的前提下选择服务的内容、方式，并在事关服务对象利益的决策中起到主导作用。

在实际案例中，有关案主自决的价值观的讨论点：**当案主不想遵医嘱，过度进行康复时，是应该让案主自决，还是强迫他遵从医嘱？**

（2）关系的重要性：认识到人与人之间的关系是重要的变革工具。社会工作者需要与服务对象沈某建立专业关系，从而帮助服务对象，实现服务对象所面临的困境的改变。

（3）保密：社会工作者应当保护服务对象的隐私。未经服务对象允许，社会工作者不得向第三者透露涉及服务对象个人身份资料和其他可能危害服务对象权益的隐私信息。特别情况下必须透露有关信息时，社会工作者须向机构或有关部门报告，并告知服务对象有限度公开隐私信息的必要性及相关保护措施。如果事情紧急必须打破保密原则而来不及报告时，社会工作者事后应当提供必要的证据。

对此工作原则，本案例中有关价值观方面的讨论：**案主出于某种原因（可能是家庭经济方面的压力也可能是急于康复），向医生隐瞒了自己在康复过程中的某些需求和实际情况，社工了解到这一情况后，应该如何处理呢？**

（二）思考题与讨论

1. 医务社会工作者对于服务对象的介入是否必要及合理？

本案例中医务社会工作者对服务对象沈某进行了一系列的干预，包括医院相关信息、医疗报销相关信息的提供、心理疏导、寻找歌词及诗词恢复服务对象的表达能力等，这一系列的社工介入，对于服务对象沈某来说是否完全必要及合理？

2. 案例中的介入优势、劣势有哪些？介入重点有哪些？理论依据有哪些？

本案例中，医务社会工作者针对服务对象沈某的问题采取了一些介入措施，针对沈某的情况，讨论从不同切入点介入的可能性以及理论依据。

3. 在医院的环境中如何发现社会工作的服务对象？

在此案例中，服务对象沈某是通过医务社会工作者自主发掘找到的服务对象。在目前对社会工作职业认知度较低的现状下，医务社会工作者比较难接触到主动寻求专业服务的案例。大部分医院中，医务社会工作并没有被列入医院部门设置，没有完全进入医疗系统，虽然部分医院已经设置医务社会工作的相关部门，但绝大部分患者甚至是医务工作者并不知道医务社会工作者的存在。此外，对于在医院设置医务社会工作这一新兴职业或部门，院方不清楚医务社会工作者的具体功能及作用，导致医院对于医务社会工作的工作内容设置不清。对于医务社会工作者的具体职责没有明确的规定，导致医务社会工作者的角色定位不清晰。经常以非专业工作为主要工作内容，使得患者以及院内医护人员对医务社工的具体职责产生进一步误解，加大了医务社会工作者开展专业服务的障碍。如何在服务过程中，帮助服务对象及相关医院资源，学习并使用医务社会工作这一专业及职业，是值得思考和实践的。

4. 对康复期的患者，医务社会工作的功能及存在意义是什么？

5. 对于跨地域的服务对象，如何进行服务跟进和相应的效果评估？

四、案例使用要点

（一）服务对象的界定：要明确服务对象。因为针对不同的服务对象，所开展的服务思路是有区别的。

（二）服务对象所面临的问题及需求的分析。

（三）服务对象已有的支持性因素分析（正式支持网络与非正式支持网络）。

（四）医务社会工作干预的理论依据。

（五）医务社会工作者在服务的过程中，需要为服务对象链接资源（如与服务对象的主治医生及康复师联合，共同为服务对象制订合理的康复训练计划），为服务对象提供其可能需要的相关信息，帮助服务对象缓解问题，解决问题。

五、教学设计与建议

（一）教学计划

展示后，将学生们按一定人数分为一个小组，通过组内头脑风暴的形式，对该案例进行分析讨论，分析服务对象所面临的困境，已有的支持性因素，不足的支持性因素，所需资源等，集思广益，激发学生们的潜能，制订更加完善、系统的康复训练计划，设计出对服务对象更有用的介入方案。

（二）教辅手段或工具

常规教学设备、大白纸、马克笔、疾病相关材料、医疗报销政策的相关材料。

（三）教学监测和评估

1.课堂上有关该案例的分析、讨论与汇报。

2.关于该案例的案例介入分析报告。

3.实习中通过督导学生关于相关知识点的运用，评估教学效果。

（四）案例使用注意事项

1.案例使用前，要对案主疾病相关知识有所了解和学习。

2.学生在分析案例之前，要对医疗相关的社会政策及社会背景有一定的了解和学习。

3.本案例也可用于医务社会工作者入职前的实例培训等。

4.在具体服务方案分析中，为服务对象链接其需要的资源，对具体的资源及获取途径需要提前准备学习。

多元视角下的患者服务

——以术后康复患者的干预为例

王献蜜　俞鑫荣

一、课程基本信息

（一）教学目标

1. 了解实务过程中医务社会工作者面临的挑战。
2. 了解医务社会工作针对女性健康开展服务的相关要点。
3. 提供案例，扩展视野，打开思路，训练其案例分析能力。
4. 了解社会工作者对于术后患者及家庭的具体干预过程。

（二）教学主题

女性健康与社会工作实务教学、医务社会工作院内教学。

（三）教学内容

1. 女性健康的案例分析。
2. 了解部分医务社会工作的服务目的、角色、范围及对象。
3. 医务社会工作个案工作的具体流程。
4. 女性健康与社会工作的内容及工作方法。

（四）教学对象

修习女性健康或医务社会工作相关课程的学生、从事医务社会工作相关内容的工作人员。

二、案例主体

（一）案例背景

长期以来，我国医疗卫生资源配置不平衡，基层医疗卫生机构的服务质量和医疗条件不能满足群众的基本就医需要，造成了群众看病纷纷涌向城市大医院。患者的无序流动造成城市大医院超负荷运转，普遍存在着“挂号、交费和检查排长队，看病只要五分钟”的现象，在大城市的大医院更是如此，看病的不方便引发多数患者的不满和抱怨；同时，医生在一天内要看几十个病人，必须尽快做出检查、诊断和治疗，他们忙得甚至连上厕所的时间都没有，更没有时间向病人作耐心的解释。医生在任务重、压力大的情况下，容易发生对患者的沟通解释工作做不到位的问题，导致医患之间的误解和矛盾。

通过医务社会工作者的发掘，为一位来自黑龙江省的患者提供了医务社会工作的介入服务。

（二）案例描述

徐某，32岁（2011年时），女，黑龙江省人，已婚，毕业于黑龙江牡丹江师范学院外语专业，其后一直在广东从事翻译工作。收入较为稳定，患病前的月收入为4000—5000元，参加新型农村合作医疗保险。徐某的丈夫欧某35岁，广东省本地人，展览设计师，月收入为3000元左右，没车没房，有两个哥哥和两个姐姐，排行最小。此次徐某患病期间，欧某本来请了一个月假，但单位总催欧某回去，欧某认为一时半会儿也回不去，就辞了工作，没有任何收入。平时徐某认为她与丈夫的关系不太亲密，患病前一到周六、周日，徐某基本独自去玩，很少与丈夫一起过周末。

徐某与丈夫经人介绍认识5年，结婚3年，无子女。徐某于五年前在哈尔滨一家医院接受左侧斜坡脑膜瘤切除术（开颅手术）时，只切除了脑瘤的四分之一，做得并不成功，但没留下什么后遗症，花费4万元。徐某做第一次手术时两人并不认识，直到登记结婚前夕，徐某告诉欧某得过脑瘤，做过手术，而且医生说很可能会复发。徐某结婚前与欧某说过分手之类的话，但欧某没同意，最终还是结了婚。

2011年9月，徐某出现头晕头痛，左面麻木，决定要不要做手术让欧某感到前所未有的压力。不做手术，徐某可能活不过3年就去世了；做手术，徐某有可能一辈子躺在床上，变成植物人。当时徐某的父母并不知道做手术的事，徐某也很犹豫到底要不要做手术，甚至一度放弃了自己，决定不做手术，把钱给她爸妈，让欧某也留点。医生也不建议做第二次手术，风险太大，但夫妻俩最后选择做手术。

徐某的手术持续近12个小时，欧某一直守在手术室门外，压力很大。后来欧某的表弟和姨妈也来到医院，轮流盯着。手术第二天，被告知徐某有生命危险，欧某一下子瘫软了。徐某在重症监护室整整昏迷了半个月，后从重症监护室出来半个月才醒过来。

到北京天坛医院就诊，确诊为脑膜瘤，进行自费手术。手术费用七拼八凑，其中包括向欧某的哥哥姐姐借的6万元，徐某的朋友支援的近3万元，徐某的父母出了2万元，剩下的就是徐某与欧某的存款，共花了约20万元，手术后夫妇俩的存款所剩无几。在治疗期间，徐某与其丈夫在天坛医院附近租了一间房子，每天50元，能做饭；术后到北京市某医院进行康复治疗，勉强维持就诊费用。就医期间，丈夫欧某对徐某照顾得无微不至，手术和住院期间事务均由丈夫负责打理。丈夫为人忠厚老实，对徐某“还行”（徐某原话）。徐某从未称呼欧某为“老公”，但她会称呼丈夫为“大哥”，社工所见，欧某尽心尽力地照顾徐某，每天都笑着与徐某交流，一直鼓励徐某坚强面对疾病。

徐某的父母为农民，父亲57岁，行动不太方便，但徐某就医期间，其父亲从黑龙江赶来照顾她，每天到医院陪伴女儿。徐某到康复室做治疗，父亲则一个人等在病房；母亲52岁，有精神疾病史，受糖尿病影响，加之不注重控制饮食，身体状况不好，但能自理（徐某描述）。徐某有一弟弟，近30岁，已婚，之前由于父母身体不好，辍学打工，供徐某上完大学。据徐某透露，弟媳对自己爸妈不好，对自己也不好，徐某做手术期间，弟媳连电话都没打过，弟弟虽然忠厚老实，但完全听弟媳的话，弟媳将家里的银行卡和存折全部藏起来，弟弟也无可奈何。在徐某手术期间，徐某的弟弟到医院进行陪伴。

徐某在手术前很乐观，经常串病房，病房里的人都认识她，觉得她心态很好，手术后就闷闷不乐了，可能跟她半昏迷了半个月有关，术后身体还比较虚弱。因为病情影响，徐某的记忆力、认知能力以及逻辑思维能力在一定程度上受到了影响。例如，手术后徐某称自己没有和欧某登记结婚，后来又说忘了是否说过此类话。术后，徐某的容貌有所改变，如面瘫，左眼无法自行睁开等；徐某还出现了嗜睡等情况，白天睡了，晚上还能接着睡到早晨，接受康复治疗时，感觉身体疲惫无力、困倦。据主治医师分析，徐某可能是因为存在脑积水而嗜睡，详细原因有待进一步诊治；除了嗜睡，徐某称自己特别能吃，早上喝一碗粥、一碗芝麻糊拌燕麦片，中午和晚上都吃主食、饭菜，但每餐吃完不久，就会觉得饿。

徐某性格较为乐观，情绪问题主要表现为对家人的愧疚感，觉得给家人带来了负担，尤其父母身体都不好，还要照顾自己。手术后，无论外貌还是体能都大不如前，这让徐某觉得和丈夫的婚姻不会长久，加之丈夫虽然对自己不离不弃，无微不至，但两人的价值观有很大差别，如：欧某对金钱看得不是很重，能满足基本需要就可以，而徐某则不这么想，她希望能过上好日子，至少有房子；欧某认为不是每个孩子都能受好的教育，天生具备良好的环境，有的人也过得很苦，一样要了小孩，能养活就行，欧某的父母早就想要抱孙子了，而徐某认为不能给孩子提供一个好的生活环境，不想要孩子，即便身体状况允许。

社工观察，虽然徐某觉得会和欧某分开，但在一定程度上她还是比较依赖自己的丈夫的，日常衣食起居都让丈夫帮自己完成，即便她自己有能力完成某些动作。欧某在徐某患病期间对徐某照顾周到，如吃饭、穿衣、削水果皮等，虽然医生建议这些日常动作可以锻炼徐某，由徐某自己完成，但欧某并不完全遵守。虽然与徐某持有一些不同想法，欧某并未在乎太多，或者说他并不认为这些不同的观点会影响他们的家庭关系，欧某认为在生养孩子方面，徐某坚持不过他，至于生活水平，欧某要求不高，简简单单活着就可以了。

徐某说对以后的生活没啥设想，走一步算一步，因为医生说10年以后她的病有可能复发。如果将来跟欧某分开，自己能做的就自己做，不能做的再找别人帮忙。而欧某说他们早就想到会复发，不会觉得奇怪，而且复发概率还挺大的，也很担心，能做的就是多攒点钱。

在徐某住院后期，徐某的母亲由于血糖一直控制不好，出现了较为严重的并发症，视力模糊，全身无力，状况堪忧。徐某希望出院回家看望母亲。于是，欧某决定提前出院，等3月到北京复查，然后去广州，租个门面卖鞋，徐某可以在家休养。欧某对于徐某的自理不放心，但徐某又闲不住，想上班，欧某认为到时候可以找个简单点的工作。

（三）干预过程与效果

1.需求分析

（1）徐某对患病/身体残疾的适应情况。就医后，徐某的外貌出现一定的改变，其认知能力和逻辑思维能力在一定程度上受到了影响，出现嗜睡等情况，容貌也有所改变，如面瘫，左眼无法自行睁开，这些改变都会对徐某产生一定的影响。

（2）徐某的婚姻问题。虽然徐某偶尔会提起与丈夫欧某分开，认为两人不会携手到老，但徐某与丈夫欧某一直相处得很好，丈夫欧某看上去什么都听从妻子徐某的，对徐某照顾得很周到，徐某甚至时不时会向丈夫撒撒娇；徐某会称呼丈夫为“大哥”，“大哥”不仅意味着徐某在生理上依赖丈夫，在心理上丈夫欧某更是徐某的有力支撑。但徐某在康复过程中曾称自己没有和欧某登记结婚，后来又说忘了是否说过此类话，可能和其潜意识里担心欧某会离开她有关。在徐某生病之前，与欧某的分歧便已产生，俩人分歧还未得到解决，徐某疾病复发，这个家庭把全部注意力集中到了治疗和康复上，根本无暇顾及那些分歧。当手术做完，徐某的身体状况趋于稳定，这些分歧开始浮出水面，但并不占据主要地位，徐某目前最需要的还是丈夫的照顾和关爱。

（3）徐某的情绪/个性问题：孤独感、焦虑、抑郁等。一方面，徐某认为自己康复希望不大，加之嗜睡，对疾病能否康复很发愁；另一方面，徐某的父亲从老家赶过来照顾徐某，这让徐某觉得亏欠父母，有很强的愧疚感。

（4）徐某就诊的医疗费用。徐某治疗共花费20万元，还剩下4万元用作康复治疗。这20多万元中，徐某自己的存款不过几万元，其他均外借于亲戚朋友，目前剩下的钱勉强维持徐某在医院的花销。

（5）欧某在陪伴过程中的心理压力。虽然案例中徐某手术后没有变成植物人，醒了过来，但丈夫欧某依旧面对着巨大的压力，不仅有外在物质层面的压力，还包括心理层面的巨大压力。虽然欧某的内心压力减弱，但他仍希望能向他人诉说自己的感受，释放积存的压力。

（6）在徐某康复过程中，社工需要做的工作。案例中徐某在康复过程中的思维能力及逻辑思维能力出现了一定的问题，针对这一状况，社工可以通过征求徐某主治医生的意见，和徐某一起玩一些适合的游戏、阅读喜欢的书籍或者收看电视节目等，帮助徐某逐渐提升记忆力、逻辑思维能力，并减轻徐某嗜睡等症状，帮助徐某逐渐康复。

2. 干预及效果

（1）帮助徐某更好地适应身体出现的变化。通过社工的介入，徐某逐渐适应身体上出现的一些变化。

（2）徐某与丈夫欧某对于婚姻的态度有了一定的转变，尤其是徐某对于家庭的维持与婚姻的继续有更为积极的态度。

（3）帮助徐某链接资源，缓解经济上的困难。徐某患病期间共花费20余万元，治疗费用七拼八凑。虽然由于医院的局限，社工没能帮助徐某夫妇申请到医院的帮扶资金，但是通过寻找到一些专业的医疗报销政策，帮助徐某夫妇缓解了在经济上面临的困境。

（4）帮助徐某解决患病期间情绪上出现的问题。徐某在患病期间由于生理上的变化、心理上的压力（对家人的愧疚感）以及康复过程中的疼痛等，情绪上出现了一定的问题，在社工的协助下，徐某逐渐接受患病事实，情绪逐渐稳定，有利于徐某的康复。

（5）帮助欧某缓解徐某患病期间其心理上的压力。欧某在徐某患病期间承受了巨大的心理压力，从是否决定做手术开始，欧某一直陪伴在徐某身边，面对徐某未来康复的不确定性，欧某承受着巨大的压力，而通过与社工的交谈，虽然没能帮助欧某解决问题，但是缓解了欧某内心的焦虑，让其内心的担忧可以表达出来，缓解了欧某的情绪。

（6）与服务对象一起制订合理的出院计划。由于徐某的出院决定比较仓促，社工并没有与徐某一同制订较为详细的出院计划，但是徐某及欧某承诺来年3月会再来医院进行复诊，此期间徐某会坚持做一些康复活动，而欧某会找一份工作，维持两人的生计。针对这一状况，社工可以利用现代的一些通信工具，继续跟踪徐某的康复情况，巩固徐某的社工介入及康复效果，并可以及时对其在康复过程中出现的问题进行指正。

（7）使徐某夫妇知道了社工的存在。通过社工的介入，帮助徐某缓解了生理、心理及婚姻层面的一些问题，并对社工有十分满意的评价。

从本案例中可以看到，社工在患者康复的过程中起着十分重要的作用，也可以逐步推动社工在中国的进一步发展。

三、案例使用说明

（一）教学训练

1.理论知识学习

（1）家庭沟通理论

沟通是彼此传递信息与分享信息的过程。沟通有利于家庭成员化解家庭冲突，促进家庭成员角色的实施和家庭功能的正常运转。随着社会生活内容的丰富，各家庭成员在家庭中所担任的角色也不仅仅是单一的。比如对于一个男性而言，他可能同时扮演丈夫、父亲、儿子至少三种角色。社会生活的紧张和角色承担者对角色把握的能力，影响家庭成员的角色认同、角色扮演和角色实现，而沟通有助于家庭成员的角色认同、角色扮演和角色实现。

夫妻沟通对于提高婚姻质量具有十分重要的意义，可以减少和消除夫妻冲突或紧张的根源。通过沟通，可以解释原因，感受彼此的心意，了解对方的看法来纠正自己的看法。夫妻沟通还可以共同寻求解决冲突的合理有效的办法，从而把冲突的消极影响降到最低。沟通有助于夫妻冷静而理智地分析冲突的根源，共同协商解决方案。通过沟通，还可以促进彼此之间的了解，维护、加深夫妻感情，使夫妻的认知取得和谐一致。有效的夫妻沟通是提高婚姻质量的根本途径，是加深夫妻了解、增强夫妻感情的重要机制。除了语言，还可以用表情、动作、声调甚至文字交流、符号暗示等进行沟通，因为它们都能表达信息传递者的意思。不同场合与不同身份的人交往时，沟通的方式会有所不同，但是在家庭的沟通中，应当注意不要随心所欲，不计后果，把家庭当作自己所有不良情绪和不当行为的倾诉站，这会使家庭无法承担如此巨大的负面压力而出现冲突和危机。

美国家庭治疗大师萨提亚列举了五种常见的沟通形式：破坏人际间真实坦诚相处的讨好型、责备型、电脑型、打岔型与可以建立起真诚良好人际关系的一致型。一致型的沟通有利于家庭成员之间良好关系的建立和促进家庭的稳定和谐。

在本案例中，随着徐某的状态趋于稳定，徐某与丈夫之间的分歧逐渐浮出水面。在与社工沟通的过程中，徐某及其丈夫欧某都会告诉社工一些自己的想法，但由于种种原因之前并没有同对方说过，社会工作者需要帮助徐某与其丈夫就沟通模式进行改变，使双方之间形成良好的家庭沟通模式。

（2）优势视角

指社会工作者开展工作，在某种程度上要立足于发现、寻求、探索及利用案主的优势和资源，协助他们达到自己的目标，实现他们的梦想，并面对他们生命中的挫折和不幸，抗拒社会主流的控制。这一视角强调人类精神的内在智慧，强调即便是最可怜的、被社会所遗弃的人都是具有内在转变能力的。优势视角着眼于个人的优势，以利用和开发人的潜能为出发点，协助其从挫折和不幸的逆境中挣脱出来，最终达到其目标、实现其理想。

优势视角相信人可以改变，每个人都有尊严和价值，都应该得到尊重；优势视角认为每个人都有自己解决问题的力量与资源，并具有在困难环境中生存下来的抗逆力。即便是处在困境中备受压迫和折磨的个体，也具有他们自己从来都不曾知道的与生俱来的潜在优势。优势视角认为在社会工作助人实践过程中关注的焦点应该是案主个人及其所在的环境中的优势和资源，而非问题和症状，改变的重要资源来自案主自身的优势，个人的经验是一种优势资源。社会工作的优势视角反对将服务对象问题化，认为问题的标签对服务对象“具有蚕食效应，重复的次数多了之后，就改变了案主对自己的看法和周围人对他们的看法。从长远来看，这些变化融入了个人对他们的自我认同（越来越没有自信心）”。

在本案例中，徐某认为自我处于劣势，通过运用优势视角，可帮助徐某改变认知，关注自身优势，利用资源与自我潜能从挫折和不幸的逆境中挣脱出来。

（3）性别视角

社会性别（gender）理论发端于美国20世纪60年代，是在女权主义运动的实践中发展起来并成为对这一运动起着重要指导作用的核心观念体系，现已逐渐发展成为西方学术研究中的一个重要分析范畴，并逐渐形成了一些应用性较好的社会性别分析框架，在很多项目和公共政策制定过程中得到了应用。

社会性别，通常指作为一个男人或女人的社会含义，泛指社会对男女两性及两性关系的期待、要求和评价。即由特定的文化环境规定的被认为是适合其性别身份的性别特征及行为举止。如男主外、女主内的性别角色分工；男刚女柔、男才女貌的性别角色期待等。男女两性的社会角色分工、社会地位并不是由生理差异决定的，而是与社会文化紧密相关的。社会性别概念把生物学意义上的性别差异与由社会文化建构的性别特征区分开来，为探讨男女不平等的根源和达到平等的条件、途径提供了新的视角和方法。至今社会性别概念已经在联合国和世界许多国家、地区发展成为一个重要的分析范畴和领域研究，被作为国家机构、国家和政府决策时必须考虑的重要议题。

社会性别理论要求：（1）用变化发展的眼光看待社会性别。人的社会性别观念是在对家庭环境和父母与子女关系的反应中形成的，并在社会文化的变化中不断改变。人的社会性别观念不仅因时间而异，而且因民族地域而异，是一种特定的社会构成。社会性别理论打破了性别不可改变的宿命观，对传统的性别观念提出了挑战。（2）将女性视为发展的主体。社会性别理论认为，在社会发展中，女性与男性处于平等的主体地位。因此，在精神上，女性应该独立自主，摆脱依赖男性的软弱心理；在处理与男性的关系上，应当与男性结成彼此尊重平等相处的伙伴关系；在对待国家和组织的态度上，应该主动争取自己的权益，不能成为一种工具。（3）反对孤立地研究女性和女性问题。社会性别理论认为，考察女性问题，应该将其放在男女两性共同塑造的社会角色和权力结构中。社会性别制度和性别结构中，不仅包括男女两性之间不平等的权利关系，同时也包括对男女两性发展的不同限制。（4）注重不同政策或项目中对男女两性影响的分析。社会性别理论注重分析哪些政策和项目能真正使男女不平等的社会性别关系有所改善，哪些反而强化了传统的社会性别角色，加剧了男女两性之间的不平等关系，从而旨在消除性别不平等或性别歧视。

2.能力训练

（1）个性化看待问题的能力

通过实际的案例可以发现，在医疗情境中，不同的案主会面临不同的问题，这些问题都有共性，如较多涉及经济方面，但大部分是个性化的。对于案主的需求，要从不同方面了解，包括其社会网络及院外的生活情境。在本案例中，案主有大篇幅地与社工讨论夫妻关系，在已婚的女性患者中，两性关系问题似乎超越了医疗问题，这是在我们服务过程中需要关注的。

（2）性别视角下的个案介入思路及要点

本案例涉及家庭中的两性关系，尤其是徐某与丈夫欧某对生活状态的不同理解，对未来生活的不同规划和期待，对服务对象的康复都有一定的影响。需在社会性别视角下对徐某及其相关需求进行讨论，从而训练学生在实践中对性别视角的运用。

（3）对案主多元视角的理解能力

社会工作者对处于不同情境下服务对象的介入方法及内容有更多的了解。提供更多的实务案例，使学生们了解更多不同的介入情景，提高学生们的辨别力及使其能够精准地发现问题，从而能够制订出更加合理的介入方案，为服务对象提供服务，了解医务社会工作者的工作内容及工作方法，熟悉医务社会工作。

3. 价值观讨论

（1）尊重：在该案例中，服务对象案主处于脑膜瘤术后，虽然肿瘤已经切除，但是对徐某存在一定的影响（如逻辑不清、记忆力减退等），徐某在术后也表现出较术前不一样的敏感，社会工作者在服务的过程中需要尊重服务对象目前的状况，平等地对待服务对象，尊重服务对象及其选择。

（2）个别化：在同一情境下发生的问题会有雷同。例如，有健康问题的案主，都寻求身体的康复，重回之前的生活轨道。但同时，由于每个案主生活的经历和环境不同，在面对同一问题时会产生不同的需要和表现，也会衍生个别化的需求。这都需要工作者予以关注，并制订个别化服务方案。

（二）思考题与讨论

1. 在本案例中，医务社会工作者的服务对象是谁？为什么？

徐某的问题比较复杂，不仅有康复过程中的一些问题，还有与其丈夫欧某之间关于婚姻状态的一些问题。社工在介入的过程中需要对徐某进行干预，但同时，也需要关注欧某心理层面的一些问题。

2. 案例中是否还有其他可介入的点？

本案中的医务社会工作者针对服务对象徐某的问题采取了一些介入措施，但除以上介入外，针对徐某的情况，是否还存在其他社工可介入的点，以便徐某能够更好地恢复？

3. 医务社会工作能够做什么？

在本案例中，医务社会工作者对服务对象徐某进行介入时，徐某处于康复期。除该阶段的介入，医务社会工作者是否能够介入其他阶段，每一阶段医务社会工作者的具体工作内容可能包括哪些？

四、案例使用要点

（一）关键点

1. 服务对象的界定：在该案例中，社工介入的对象是一个案主系统，包括徐某及其家庭，主要是徐某及其丈夫。

2. 服务对象所面临问题的分析：需要注意到该案主既有一般患者共性的问题及需求，如医疗适应、康复及经济问题等，也有其个别化的问题及需求，如夫妻关系、家庭整体需求。

3. 优势视角的运用：徐某及其家庭有其优势和资源，包括其个人品质，如徐某面对疾病的勇气、丈夫的坚韧和支持，来自原生家庭的经济支持、其他家庭成员的陪伴等；环境中的资源，如亲友的经济支持，更需要社工链接社会资源（例如，徐某与欧某都失去了工作，徐某与欧某面临较大的经济困难），为服务对象提供其可能需要的相关信息，帮助服务对象缓解问题，解决问题。

（二）难点：（难点应该是在运用案例过程中的难点，不是介入中的难点）

运用该案例过程中的难点表现在：

1. 该案例中服务对象所涉及的问题较多，使用该案例时不同人看到的侧重点可能不一样，不同人关注的服务对象的问题和需求可能会不同，因此会制订不同的干预方案。

2. 在运用家庭作为个案的对象时，应考虑家庭的整体功能及不同家庭生命周期的需求。

（三）注意点

1. 案例使用的教学阶段。对于该案例的使用需要考虑课程的教学阶段，应该将该案例置于课程中后期，在学生们学习完基本课程内容后，分析该案例，使学生们能够综合使用课程内容，锻炼学生们的实务综合能力。

2. 案例使用的对象。该案例中服务对象所面对的问题比较复杂，需要具有一定的综合分析能力，所以该案例的使用对象更倾向于高年级的学生，不太适用于低年级的学生。

3.案例使用的形式。相对于其他的教学形式，该案例更适用于课堂上的小组讨论。

五、教学计划与建议

（一）教学计划

1.案例展示后，将学生们5—6人分为一个小组，通过组内头脑风暴的形式，对该案例进行分析讨论，分析服务对象所面临的问题及其优先次序，已有的支持性因素，不足的支持性因素，所需资源等，集思广益，激发学生们的潜能，制订出更加完善、系统的康复计划，设计出对服务对象更有用的介入方案。

2.可将该案例的介入方案作为课堂分析的案例，反思该介入案例的优势及不足，从而提升学生的实务能力。

（二）教辅手段或工具

常规教学设备。

（三）教学监测和评估

1.课堂上有关该案例的分析、讨论；

2.关于该案例的案例介入分析报告。

（四）案例使用的延展建议

（1）医务社会学（了解与服务对象相关的社会背景）；

（2）社会工作政策（了解与服务对象相关的医疗相关政策）；

（3）医务社会工作者入职前的实例培训等。

ABC理论在针对情绪障碍患者干预中的运用

谢敏丽　翟玉婷　王献蜜　俞鑫荣

一、课程基本信息

（一）教学目标

1. 掌握案主访谈与收集资料的技巧；
2. 准确分析与评估案主的问题及需求；
3. 掌握ABC理论在实务过程中的运用。

（二）教学主题

健康社会工作院内教学、医务社工临床培训。

（三）教学内容

1. 医院领域内社会工作的内容及工作方法。
2. 健康社会工作的实务案例分析。

（四）教学对象

修习医务社会工作相关课程的学生、从事医务社会工作相关内容的工作人员。

二、案例主体

（一）案例背景

随着经济的发展，国民收入增加。人们对卫生保健提出了更高的要求。不但要身体好，还要有良好的心理状态和社会活动能力，提高生活质量。同时人类的疾病与死因结构发生了改变。世界各国先后出现了以心脏病、脑血管病、恶性肿瘤占据疾病谱和死因谱主要位置的变化趋势。例如，影响我国人群健康的主要疾病，已由过去的传染病为主而逐步转变为以非传染病为主。因此，1977年美国纽约州罗彻斯特大学精神和内科教授恩格尔提出，应该用生物—心理—社会医学模式取代生物医学模式。他指出：生物医学模式关注导致疾病的生物化学因素，而忽视社会、心理的维度，是一个简化的、近似的观点。为理解疾病的决定因素，以及达到合理的治疗和卫生保健模式，医学模式必须考虑到病人、病人生活在其中的环境以及由社会设计来对付疾病的破坏作用的补充系统，即医生的作用和卫生保健制度。即在医疗情境中，从全人健康的视角出发，既要关注患者的生理需求，也要关注到其心理、情绪、社会适应层面的需求，患者生理层面的需求由医护人员解决，而医务社会工作可以综合运用医务社会工作专业知识和方法，为有需要的个人、家庭机构和社区提供专业医务社会服务，帮助其舒缓、解决和预防心理和社会问题，恢复和发展社会功能。

在开展义务社工服务过程中，发现刘某有心烦、出汗、情绪状态不佳等情况，通过社工的发掘和沟通，为该患者提供了医务社会工作的介入服务。

（二）案例描述

刘某62岁，家住北京市丰台区某社区，退休前为某事业单位部门领导，退休后被返聘；家庭经济状况良好，有医疗保险；患有糖尿病10多年，2012年3月患有脑梗并住院治疗，对肢体功能影响不大。据刘某自述，3月中风是因为精神压力过大，一个人供女儿上大学，想送女儿去国外留学，让她有个好前途，虽然刘某的家庭条件不差，但如果把女儿送去日本留学，是一笔不小的花费，会让家里相对拮据。女儿并未表明非去国外不可，刘某内心却异常纠结，给了自己过大的压力，突发中风入院。再次入院主要因为工作上的事情着急，出现生理症状而住院。就医期间，刘某出现情绪激动、言语不利、讲话快时吐字不清，言语含混，唱歌音不准，记忆力下降，伴轻度头晕，偶有饮水呛咳等情况。经医生测评，刘某为轻微的焦虑症，医生评估刘某的这一症状也可能与其所处更年期相关。

刘某在原生家庭中排行老大，少年时父母很少照管，家中事务多半由刘某自己承担。目前与兄弟姐妹之间来往较少，只在春节才聚一次。在刘某童年到18

岁期间，曾参加少年广播合唱团录音和演出，很好学上进，在学校学习成绩也不错，认为童年期间欢乐幸福。18岁到28岁期间，刘某被迫上山下乡，在黑龙江生产建设兵团插队，其间经历过一段爱情，后来遇挫，当时非常渴望回北京，不想在那里生活。刘某认为，10年插队生活虽然比较苦，但也锻炼了其吃苦耐劳以及独立上进的品格。28岁到42岁期间，刘某回到北京，开始补充知识，在同类考试中，以北京市第5名的成绩考上广播技术研究所，当了一名工人，后来积极学习技术，在北京西城职工业余大学进一步深造，并当上了一家国企的车间副主任。之后考上了大专，大专毕业的同时被提拔为副所长。在企业体制改革后，被调到某电子技术服务中心做产品研发，其间曾带团去日本山水电器株式会社研修一个月。42岁至60岁期间，刘某遭遇国企改革，下岗。曾开过工厂，但因为没经营好，转让给了别人。之后一直没有固定职业，偶尔给相关公司开发一些产品，东奔西走，零碎打工。在此期间，刘某妻子因患癌症去世。妻子的去世对刘某的影响较大，整整一个月睡不着觉，需要经常服用药物，2个月之后才有好转。刘某认为这一时期颠沛流离、不稳定的生活对自己的打击比较大。60岁至就医期间，刘某在一家私企退休以后，作为单位的技术骨干被返聘。刘某独自一人供养女儿上大学，身体状况越来越不好。目前女儿已经工作，刘某的负担减轻了，但身体又出现问题，情绪上受到挫折和打击。

刘某的女儿，22岁，刚大学毕业，从事与外语相关的工作。刘某目前与女儿一同在一个两居室居住，环境较好，女儿在刘某住院期间经常打电话或探视，但刘某最近对女儿有些挑剔，住院前几天和女儿吵了一架，认为女儿指责自己，不孝顺。

近期刘某工作出现了一些问题，因其的一个失误给公司造成一些损失，问题还未解决，刘某把责任全揽在自己身上，精神压力大，加上更年期影响焦虑不已。最近约一周开始，刘某出现无缘由的心烦、出汗、燥热，有时在晚上12点左右，有时在白天，遇到工作上的困扰时会加重；有时几分钟后好转，有时需转移注意力，做些别的事情方能恢复；自觉言语不利，越着急越说不出来，而且吐字不清，唱歌也走音跑调，记忆力有些下降。刘某认为自身心理承受能力不强，心胸狭窄，心眼小，追求完美，却又没有能力做到毫无瑕疵。

刘某目前正在交往一位女朋友。对于异性交往问题，刘某有些顾虑，认为女方条件一般的，他不愿意找，条件好的，又看不上自己，现在自己生病住院，更没有主动权了。刘某住院期间，其正在交往的女朋友来医院探视过。

刘某学习美声，为某合唱团成员，约80人左右，每周六排练，现已坚持了14年，最近因为生病住院中断。刘某觉得自己最近出现无欲望状态，对任何事情都不太感兴趣了，只是这种感觉还不是很强烈。

（三）干预过程及结果

1.对刘某的情绪问题（焦虑）进行干预

接案之初，刘某情绪低落，自我概念较为消极，负性评价较多。尤其是近几年妻子离世、独自抚养女儿、工作上遇到挫折、身体疾病困扰等各方面对其均造成了很大的影响，案主将自己的情绪问题和生理症状完全认同为自身观念问题，否定自己，屏蔽了优势。通过理性情绪疗法、优点大轰炸和回忆生命历程的方法，刘某对自身有了新的认识和审视，能重新肯定自己的优点，接纳当下的自己，根据自己目前的处境，决定放弃继续工作，为自己安排充足的时间来发展其他兴趣。

2.刘某生理层面的问题得到解决

接案之初，刘某面临生理上的困扰，一到半夜，容易出现心烦等焦虑症状，难以入睡，需转移注意力片刻方好转；经过近半个月的情绪疏导，提升刘某的治疗信心，刘某的生理症状得到明显改善，晚上没有出现心烦、出汗、焦虑症状了，通过服用药物，睡眠质量较好。

3.刘某的心理承受能力得到加强

经过半个月的住院治疗，刘某认为之前与社工一起设定的目标基本达成，烦躁感被去除，心理调适能力得到增强，能将一些调适技巧运用在今后的生活中，使自己心理更健康。

4.讨论生命历程，与刘某一同做出院计划

刘某表示以后会改一改自己急躁的脾气，而且在遇到问题时尽量不紧张，不较真，不执着。这次出院以后就不再工作了，在家休息一段时间，每周参加合唱团练习，虽然现在唱歌跑调，但出院后仍会坚持练合唱，坚持唱歌，而且会好好利用今后的时间，发展以前没有时间做的兴趣爱好，如书法、看书，也会经常与朋友聚一聚，整理以前的一些笔记等。

5.出院计划执行良好

通过结案随访，刘某的心烦、出汗症状得到改善，心情也好多了，不用吃安眠药了，不再工作，早上早起去公园散散步，每周去合唱团练习2次，书法还未来得及练习。

三、案例使用说明

（一）教学与训练

1.理论知识学习

ABC理论：理性行为疗法是为解决服务对象情绪困扰发展出来的治疗方法，是干预服务对象负向情绪的方法之一，其独特的优势在于检视隐藏在人们负向情绪背后看待诱发事件的非理性信念，与人们存在的非理性信念进行辩论，帮助人们建立理性信念和理性思维，获得积极正向的情绪和行为。

ABC理论是埃利斯发展出来的关于非理性信念导致人们情绪困扰的理论，该理论着眼于服务对象的非理性信念，认为人的情绪和行为困扰不是直接由诱发事件引起，而是由个体对这一诱发事件的非理性信念引起。作为干预情绪困扰而量身发展出的ABC理论，在干预人们存在的负向情绪时，帮助服务对象打破非理性信念、建立理性信念，进而建立积极正向的情绪。其聚焦于服务对象自身系统，是一种由内而外、准确、高效的服务方式。

按照ABC理论的解释，A是当事人所遭遇的当前事件，或与这件事相关的当事人自己的思想、感受和行为，也可能是当事人过去的经验有意识或无意识的记忆。C是在A发生之后，个体出现的认知、情绪和行为，被看作A的结果。ABC理论认为，A并不直接引起C，而是在A和C之间总有一个非常要紧的中介因素在起作用，这个中介因素就是当事人对A的信念、认知、评价或看法，就是B。人们极少能纯粹客观地知觉、感受A，总是带着或根据自己已有的信念、期待、价值观、意愿、欲求、动机、偏好来感受A，换句话说，人们如何经历当前事件、如何理解当下发生的事情，都与个人的信念、期待、价值观、偏好等紧密相关。因此，对待A的经验总是主观的、因人而异的。又因此，不是A直接引起了C，而是B直接引起了C。换言之，事件本身的刺激情境并非引起情绪的直接原因，个人对刺激情境的认知解释和评价才是引起情绪反应的直接原因。

ABC理论认为理性信念会引起人们对事物适当的情绪反应，而非理性信念则正好相反，它会导致人们不适当的情绪和行为反应。埃利斯认为：“过度、极端的思考会蒙蔽生活中的感觉和行为，但错误思考，则会使生活瘫痪、无效。”所以，ABC理论要求治疗师采取积极主动的方式，指出当事人的非理性信念，教导当事人对非理性信念进行质疑问难，即D。通过D来影响B，认识问题解决了，情绪和行为的困扰就会在很大程度上解除或减轻。最后达到E，即一种新的情绪和行为后效（a new emotional and behavior effects）以及一种新的有效的生活态度或生活哲学（an effective philosophy）。

在本案中，刘某由于其自身经历、最近工作上的一些失误以及近几年发生的一系列事件导致其自我概念偏向消极，社工需要了解导致刘某自我概念消极的原因，并通过一些介入方法与技巧改变刘某的情绪反应，使刘某可以通过理性的情绪反应应对生活中出现的事件，从而使其情绪及行为方面的困扰得到减轻或解决。

例如，在本案例中有以下事件的发生：

事件：领导打来电话，希望刘某帮他做决定：

→刘某的看法：我承担了很大的责任，不能让公司亏损；

→情绪及行为表现：心烦、起急、出汗，手足无措。

在这种模式下，刘某显得有些悲观无助，见状，社工帮其分析了另外一种可能性：

事件：领导打来电话，希望刘某帮他做决定：

→看法：我经验丰富，领导向我请教，公司盈亏与我无关；

→情绪及行为表现：舒服，轻松，没有责任了。

此刻，刘某觉得心里好受多了，非常认同“公司盈亏与自己无关”的观点，想到这里，刘某很放松。

社工通过使刘某描述自我的生命历程，尝试从其他角度考虑问题，改善刘某的自我概念，解除刘某的自我压力，使刘某免受伤害。

2.能力训练

（1）对理论的学习和理解能力。训练学生针对案例，有针对性地开展理论知识的回顾、整合和梳理，促进学生对理论知识的掌握。

（2）运用理论分析案例的能力。尝试运用理论分析案例，促进学生对理论深入地探究，并运用于案例分析中，提升学生对理论的运用能力。

（3）拓展对服务对象的认识和理解能力。女性健康虽然以女性为主体，但作为两性关系中的另外一个主体，同样是需要关注的群体。在家庭环境中，两性健康互相影响，干预方式及干预要点也各有侧重，可以作为对比进行讨论分析，进一步深化学生对女性健康主题的认识。

（二）思考题与讨论

1.以上案例中，刘某的问题主要表现在哪些方面？

本案例中，刘某的问题相对比较简单，主要表现为就医期间自我概念较低，对自我的要求过高而能力有限，社工需要改变刘某认知事件的态度，缓解刘某对自身施加的压力，调适刘某的心理状态。

2.案例中是否还有其他可介入的点？案例中的女儿是否能成为介入点？

上述案例中，医务社会工作者针对服务对象刘某的问题采取了一些介入措施，但除以上介入外，针对刘某的情况，是否还存在其他社工可介入的点，以便刘某能够更好地恢复？

3.针对本案例中刘某的问题，是否有社会性别因素？

在此案例中，刘某的问题和表现，是否与其作为男性，包括生理性的、社会性的角色有关系？

4.本案例中所使用的理论包括哪些？为什么？

针对案例中刘某所表现出来的问题，社工通过运用理性情绪疗法帮助刘某逐步改善自我认知，提升自我概念，这一理论是否适合刘某，为什么？针对刘某的问题是否还有其他理论可以帮助其缓解问题？

四、案例使用要点

（一）关键点

1.服务对象所面临问题的分析。

2.服务对象已有的支持性因素分析（正式支持网络与非正式支持网络）。

3.医务社会工作者能够为服务对象提供的其他方面的支持性因素分析。

4.医务社会工作者在服务的过程中，需要为服务对象链接资源（例如，刘某希望出院后发展其他的一些兴趣爱好），为服务对象提供其可能需要的相关信息，帮助服务对象缓解问题，解决问题。

（二）难点

1.案例中服务对象所涉及的问题虽然比较简单，但需要对刘某的认知方式进行改变，刘某已经60多岁，形成了固有的认知方式，这一改变对刘某来说具有一定的难度；而且，刘某的固有认知渗透于其生活的方方面面，其对自我的过去认知中也充满其固有的认知，社工需要对其过去生活的认知进行重新的解构，并与刘某一同重新建构其过去的生活经历，使其发现自身的优点与能力，逐步改变刘某的情绪反应，这一过程需要社工了解刘某的生命轨迹，通过后现代主义的一些思想，为刘某提供服务，难度较大。

2.除了刘某所面对情绪方面的问题，也需要关注刘某生理层面的问题，刘某已经60多岁了，与女儿居住，女儿刚大学毕业找到工作，刘某一旦出院回家，需要考虑刘某的日常生活照料等问题。

3.案例中刘某所住社区有一些社会组织，但刘某经常参与的是一个合唱团的组织，刘某希望出院后能够发展其他方面的兴趣爱好，需要社工为其链接一定的资源，帮助刘某找到一些方便的且能够满足其需求的资源。

4.刘某对女儿未来的担心。案例中刘某十分担心女儿的未来，但其女儿并没有表示一定要出国留学，故社工需要改变刘某的认知，为刘某与其女儿搭建沟通平台，使刘某了解女儿的想法，缓解自身压力。

5.与刘某及刘某的治疗师一起为刘某制订适合的康复方案。刘某出院后返回社区，由于其女儿需要工作，而家中无其他人，故刘某的康复训练存在一定的问题，需要与其康复师协调，找到一些方便且能够帮助刘某恢复健康的康复方式。

（三）注意点

1.案例使用的课程。注意该案例使用课程，并非与社会工作相关的所有课程该案例都适合，该案例适合用于医务类、实务类个案讨论，故在教学过程中需要考虑该案例适用的课程内容。

2.案例使用的教学阶段。对于该案例的使用需要考虑课程的教学阶段，应该将该案例置于课程中后期，在学生们学习完基本课程内容后，分析该案例，使学生们能够综合使用课程内容，锻炼学生们的实务综合能力。

3.案例使用的对象。该案例中服务对象所面对的问题比较复杂，需要具有一定的综合分析能力，所以该案例的适用对象更倾向于高年级的学生，不太适用于低年级的学生。

4.案例使用的形式。相对于其他的教学形式，该案例更适用于课堂上的小组讨论。

五、教学计划与建议

（一）教学计划

1.将该案例用于理论学习环节，使学生能够理解并掌握理论在社会工作实务过程中的运用与作用。

2.该案例可用于课堂案例教学展示，引导学生反思该案例中理论选择是否是最合适的，选择合适的理论来指导实务过程时应考虑哪些因素。

（二）教辅手段或工具

常规教学设备。

（三）教学监测和评估

1.案例展示与学生反馈。

2.以该案例为示范，考虑其他案例中合适的理论选择。

（四）案例使用的延展建议

1.加强医务社会工作相关理论学习。

2.医务社会工作者入职前的实例培训等。

妇女维权

——以怀孕歧视为例

刘明辉

一、本案例教学目标及课前准备

（一）教学目标

分析本案例旨在让学生通过案例折射的立法缺失、境内外类似案例及其意义，掌握禁止歧视怀孕女职工的规定和司法新动向，矫正维权必备的理念和思路，提高维权能力。

（二）课前准备

学生在课前需要搜集相关法律法规及政策规定以及学术论文，了解境内外类似案例及其意义，思考怀孕排挤的性质、危害及对策。

1.《中华人民共和国劳动合同法》（2007年出台，2012年修正）

第四十二条第（四）项　劳动者有下列情形之一的，用人单位不得依照本法第四十条、第四十一条的规定解除劳动合同：

……

（四）女职工在孕期、产期、哺乳期的；

……

第三十九条第（一）项　劳动者有下列情形之一的，用人单位可以解除劳动合同：

（一）在试用期间被证明不符合录用条件的；

……

2.《女职工劳动保护特别规定》（【2012】国务院令第619号）

第五条　用人单位不得因女职工怀孕、生育、哺乳降低其工资、予以辞退、与其解除劳动或者聘用合同。

二、案例分析

（一）案情简介

孟女士于2016年8月15日入职北京某劳务派遣有限公司（以下简称派遣方），被派遣到某研究院从事会议服务工作（以下简称用工方）。在入职前体检合格。2016年9月1日，她与派遣方签订了为期一年的劳动合同，试用期为一个月。但双方并未约定试用期考核标准，派遣方及用工方也未出示相关考核制度。

9月28日晚，当事人发起低烧，到医院检查经医生确诊已怀孕两个月。上班后，当事人就将已经怀孕的情况告知了用工单位的主管领导。9月30日下午，当事人被要求参加试用期考核。此前，派遣方及用工方从未对试用期员工进行过类似考核。2016年10月12日，派遣方以当事人试用期考核未通过，在试用期间被证明不符合录用条件为由与当事人解除了劳动合同。双方协商无果，孟女士向房山区劳动人事争议仲裁委员会申请仲裁，要求继续履行劳动合同，并支付生育津贴2万元。

2017年1月3日，房山区劳动人事争议仲裁委员会裁决认定双方为协商一致解除劳动关系，驳回了当事人的仲裁请求。孟女士不服裁决，起诉至房山区人民法院。

2017年2月24日，孟女士向北京市法律援助中心工会分中心提出法律援助申请。2017年3月3日，受分中心指派的法律援助律师与当事人面谈。经过面谈与多次电话沟通，代理人与当事人明确了诉讼请求：确认派遣方解除劳动合同的行为违法，要求派遣方继续履行与孟女士的劳动合同。补充了证人证言、谈话录音及医院诊断证明等证据材料。在2017年3月13日北京市房山区人民法院开庭时，代理人提出了以下3点代理意见：

1.根据《中华人民共和国劳动合同法》第十九条第一款的规定，劳动合同期限三个月以上不满一年的，试用期不得超过一个月。因此，试用期为2016年9月1日至9月30日。派遣方承认孟女士在试用期届满后的10月8日至10月11日仍然在正常工作。事实证明原告试用期已经结束，派遣方以“因试用期考核未通过，不能按期转正”为由解除劳动合同并不符合《中华人民共和国劳动合同法》第三十九条第（一）项规定“劳动者有下列情形之一的，用人单位可以解除劳动合同：（一）在试用期间被证明不符合录用条件的……”的情形。因此，该解除劳动合同行为违法。

2.《中华人民共和国劳动合同法》第四条第二款规定："用人单位在制定、修改或者决定有关劳动报酬、工作时间、休息休假、劳动安全卫生、保险福利、职工培训、劳动纪律以及劳动定额管理等直接涉及劳动者切身利益的规章制度或者重大事项时，应当经职工代表大会或者全体职工讨论，提出方案和意见，与工会或者职工代表平等协商确定。"根据《最高人民法院关于审理劳动争议案件适用法律若干问题的解释》的规定，用人单位的规章制度须兼具4个有效要件：（1）制作主体是用人单位，而非某个部门或个人；（2）其内容具有合法性；（3）制定和通过应经过民主程序；（4）应向劳动者公示。而派遣方与用工方出示的《物业管理部员工试用期考核评价办法》未出现任何单位名称及签章，且未经过职工参与讨论、公示的证据。显然此项制度是无效的，不能作为解除劳动合同的依据。

3.孟女士于2016年9月28日因身体不适于晚8点到良乡医院就医检查时发现自己怀孕，并于9月30日将该情况告知被告。有证人证言和谈话录音可以证明，孟女士履行了告知义务，却引来了被解雇的后果。从签合同、正常工作、发现怀孕、进行考核、解除劳动合同一系列行为发生的时间顺序来看，很明显被告要与原告解除劳动合同就是因为原告怀孕。依据《中华人民共和国劳动合同法》及《女职工劳动保护特别规定》等规定，用人单位不得因女职工怀孕、生育、哺乳而降低其工资，予以辞退，与其解除劳动或者聘用合同。被告在原告怀孕期间与其解除劳动合同严重违反了法律规定，损害了劳动者的权益。

经过开庭审理，北京市房山区人民法院认定：被告派遣公司以当事人在试用期考核不符合录用条件为由解除劳动关系，系违法解除劳动合同。故支持了原告的诉讼请求，判决派遣公司继续履行与孟女士签订的劳动合同。

派遣方不服一审判决提起上诉，二审法院判决驳回其上诉请求，维持原判。

（二）争议焦点

1.解除劳动合同的真实原因

原告方认为解除劳动合同的真实原因是当事人怀孕；而派遣方坚持认为是当事人在试用期的考核结果为不符合录用条件。

2.辞退行为是否发生在试用期内

被告认为可以适用在试用期内不符合录用条件的规定行使法律授予单位的单

方解约权。原告则认为其在试用期满仍然继续工作。法庭经过调查核实：孟女士的试用期于2016年9月30日结束。被告当日考核，于10月11日才公布考核结果。孟女士工作至2016年10月11日，次日被辞退。

3.孟女士是否告知单位自己怀孕的事实

在仲裁阶段，被告否认自己知道孟女士怀孕。在开庭前，原告方在医院诊断书上加盖了公章，并补充了证人证言等录音证据，使证据形成真实完整的证据链，足以证明孟女士已经告知单位自己怀孕的事实，戳穿了被告佯装不知孟女士怀孕的谎言。

三、案例使用说明

（一）案例所覆盖的知识点

1.怀孕排挤的性质是一种就业性别歧视。

2.法律对怀孕女职工的特殊保护。

3.专业法律援助的重要性。

4.社工进行完善生育保护立法倡导的方向。

5.社工为怀孕女职工提供服务的注意事项。

（二）能力训练

1.提高取证能力

仲裁时当事人诉求被驳回的主要原因是孟女士提交的《北京市房山区良乡医院超声检查报告单》未加盖北京市房山区良乡医院公章，导致该份证明怀孕的重要证据未被采纳。法院开庭前，这份报告单加盖了医院公章，才发挥了证明作用。

孟女士在一审法院开庭时经过法官的准许现场播放了向其主管领导告知其怀孕时的谈话录音，虽然录音不是十分清楚，但该主管有一句“你自己不知道你是干吗来的，你就是替怀孕（女工）来的”，主管的意思是：招用孟女士是为了顶替一位怀孕离职的女工。这句话清晰地证实用工方在解除劳动合同前已经知道当事人怀孕的事实，也推翻了派遣方和用工方说当事人未告知其已经怀孕的证词。这个证据虽然因存在瑕疵未写进判决书，但在庭审时给法官留下了孟女士诚实可信的印象，增强了法官的内心确信。

2.设计服务方案考虑孕妇的特殊需求

本案因当事人已经怀孕6个月且居住地在房山区，距离法律援助机构较远，因此以电话沟通为主。这种贴心的服务减轻了孕妇维权的负担，令当事人很感动。

（三）教学重点和难点

1.教学重点

（1）转介服务及维权方式的选择

社工转介服务，是指通过一些必要的手续，把那些立即需要帮助而本机构或者社会工作者无法给予及时有效帮助的服务对象，介绍给其他适格机构或个人的一种服务方式。社工遇到法律问题，需要转介给律师或者工会、妇联等组织。在选择转介给谁之前，社工需要站在当事人的立场上全面预估结果，权衡各种维权方式的利弊。要考虑原告的眼前利益与长远利益，避免胜诉后因双方失去合作基础而“丢了饭碗”。因此，我们提倡当事人先选择请工会、妇联等机构约谈用人单位的方式维权。

（2）《中华人民共和国劳动合同法》关于解除怀孕女职工劳动合同的相关规定

用人单位在试用期内，以劳动者不符合录用条件解除劳动合同，即使在孕期、产期和哺乳期，女职工也不受法律特别保护。用人单位一旦有劳动者不符合录用条件的证据，依据《中华人民共和国劳动合同法》第三十九条第（一）项的规定，可以随时通知劳动者解除劳动合同，且不用给任何补偿。本案关于孟女士不符合录用条件的测评结果未被法院采信，是因为试用期满单位仍然在用工导致事实上的“合格”。

为了防止用人单位滥用此项权利，北京市高级人民法院、北京市劳动人事争议仲裁委员会于2017年4月24日发布《关于审理劳动争议案件法律适用问题的解答》，其中第十一条规定：用人单位在录用劳动者时应当向劳动者明确告知录用条件，用人单位在解除劳动合同时应当向劳动者说明理由及法律依据。

用人单位证明已向劳动者明确告知录用条件，并且提供证据证明劳动者在试用期间不符合录用条件的，可依照《中华人民共和国劳动合同法》第三十九条第（一）项的规定解除劳动合同。

就劳动者是否符合录用条件的认定，在试用期的认定标准可适当低于试用期届满后的认定标准。劳动者不符合录用条件的情况主要有以下情形：（1）劳动者违反诚实信用原则对影响劳动合同履行的自身基本情况有隐瞒或虚构事实的，包括提供虚假学历证书、假身份证、假护照等个人重要证件；对履历、知识、技能、业绩、健康等个人情况说明与事实有重大出入的；（2）在试用期间存在工作失误的，对工作失误的认定以劳动法相关规定、用人单位规章制度以及双方合同约定内容为判断标准；（3）双方约定属于用人单位考核劳动者试用期不符合录用条件的其他情况。

这是社工应当着力宣传的要点之一。

2. 教学难点

（1）如何识别隐性的就业性别歧视

本案中的孟女士在试用期届满当日下午，被要求参加试用期考核。而此前派遣方及用工方从未对试用期员工进行过类似考核。这种区别对待行为没有正当理由，是针对怀孕女职工的隐性歧视。

借鉴国际上“若非因性别会得到与异性相同的对待”的检测准则，本案可以做出这样的推定：“若非因怀孕，孟女士不会被进行仅针对她一个人的试用期考核，被告也不会解除与她的劳动合同。”那么，本案被告违法解雇的行为即构成了一种对怀孕女职工的就业性别歧视。

（2）如何避免“名赢实输”的尴尬局面

“名赢实输”即女职工赢了官司，却因为双方撕破了脸难以相处而无法继续工作，导致赢了官司却丢了饭碗。因此，处理此类案件需避免“书生气”，正视理论与实践之间的差距。遵循案主自决原则，事前充分讲解诉讼与约谈两种方式的利弊，争取兼顾眼前利益与长远利益，在协助当事人理性地权衡利弊之后，请当事人自己决定选取何种维权方式。

本案当事人选择了诉讼方式，是因为她与派遣方之间存在劳动关系。胜诉后派遣方可以将她派到其他用工单位，因而避免了与原用工单位难以相处的尴尬。假如当事人非经劳务派遣而直接与用人单位签订劳动合同，那么，法院判决“继续履行劳动合同”便难以执行。在这种情况下，要告知当事人选择约谈的益处。社工将服务对象转介到工会或者妇联等组织，请他们约谈其单位为宜。

四、延伸阅读

（一）立法新思路

1.增设推定解雇制度

鉴于越来越多的用人单位规避违法解雇的法律风险，采取排挤、刁难怀孕女职工令其被迫辞职的现实，司法由调解改为认定“推定解雇”。这符合世界立法的趋向。美国、加拿大等国判例法中的推定解雇[①]对雇主诱导、胁迫雇员离职发挥了震慑作用，因其结果与违法故意解雇的法律责任相同，包括复职与惩罚性赔偿。

2.落实生育保险，国家统一规定男性陪产假和育儿假

根据《中华人民共和国社会保险法》等规定，用人单位以“工资总额”为缴费基数，强制男职工所在单位同样承担生育保险缴费义务，将生育成本社会化承担，体现生育的社会价值。现行国家立法尚无男性陪产假和育儿假[②]，这不仅滞后于国际潮流，也不符合《消除对妇女一切形式歧视公约》序言中“养育子女是男女和整个社会的共同责任”的定性，可能引起男职工提起生育待遇性别歧视诉讼。例如，1990年，加拿大的沙赫特诉加拿大政府（Schachter v. Canada）案，原告认为自己作为父亲不能领取育儿假的津贴，违反了《加拿大权利与自由宪章》第十五条关于两性平等权利的规定而诉诸法院。最终加拿大最高法院判其胜诉，并命令加拿大政府修正该法。1991年，《就业保险法》被修正为不论生父还是养父，均有权领取育儿假津贴。2000年年底，加拿大政府将父母均可领取的育儿假津贴周数，由20周延至35周（谢琪楠，2006）。这是值得借鉴的立法经验。赋予男性的生育保险权利，不仅可以预防男性提起性别歧视诉讼，而且有助于转变传统性别分工模式和用人单位对“女性事儿多”的反感，对女性产后的身心康复以及婴幼儿的健康成长均有裨益（刘明辉，2013）。

---

① 加拿大的判例法认为，如果雇主故意制造一些为难的工作条件，让雇员除辞职外便无其他选择，那便是推定解雇。见［加］A·E.奥斯特、L.夏莱特著：《雇佣合同》，王南译，中国对外翻译出版社公司1995年版，第110页。

② 地方的人口与计划生育条例规定了7天至1个月不等的男性陪产假（或称护理假）。

3. 积极行动方案

日本于2015年8月出台了《女性活跃促进法》，其中以下几项支持女性兼顾工作和家务的措施值得我国借鉴：（1）财政补贴，对做得好的企业，政府一次性补贴几十万元。（2）行政奖励，表彰优秀企业；政府在招标时优先考虑，增加其中标的机会。（3）弹性工时制。有的公司为了达标争优，实行弹性工时制，让女性有选择空间。有的公司延长女性产假、鼓励男性也休产假；还有公司规定要减少开会次数，奖励按时回家的员工，甚至规定有的工作可以在家里做（王国华、金明花，2016）。

瑞典法律激励父亲和母亲更加公平地分配育儿假，以促进性别平等，还专门设置了性别平等奖金。如果父母除专享的90天假期外，在各自剩余的105天带薪假期间，每休一天育儿假，将收到50瑞典克朗（约合38元人民币）免税奖金。如果每位父母全部享有了各自的带薪育儿假，则可以获得最高10500瑞典克朗（约合8010元人民币）的免税奖金（何霞，2017）。

（二）维权新途径

2016年，全国妇联权益部制定了《妇联组织促进女性公平就业约谈暂行办法》，随后各地方妇联、工会、人社厅/局等单位共建并开展约谈活动。2017年，约谈27件；2018年，约谈28件。

例如，2016年3月4日，河南省商丘市妇联针对河南某民办学校一位女教师上学期怀孕赔两千元的事件，联合商丘市教体局一起约谈校长。商丘市妇联提出4点建议：（1）退还女教师所交罚款；（2）修改用工合同；（3）重新全员签订；（4）安置已辞职女教师。商丘市教体局责令该校尽快整改。

结果，学校采纳了联合约谈的意见，将罚款退还给这位女教师，重新与全体女教师签订已删除怀孕排队、违者缴纳罚款等限制、排挤怀孕女职工的条款。校长主动向辞职的女教师赔礼道歉，表示随时欢迎她返回继续上课，不间断工龄。后来商丘市妇联回访女教师，她表示满意。

（三）思考题

1. 怀孕排挤与就业性别歧视的关联及其判断标准。

2. 如何从制度层面防止用人单位排挤怀孕女职工？

3.如何指导女职工应对怀孕排挤，有效维权并避免旷工等法律风险？

4.如何利用社会资源和约谈等机制？

5.探讨平衡女职工承担双重职责的有效举措。

五、案例教学后的讨论和反思

（一）案例教学的监测和评估指标

1.学生是否通过案例提升了帮助怀孕女职工维权的意识和能力？

2.是否了解生育保护的法律规定？

3.是否掌握为怀孕女职工转介维权的途径？

4.是否会分析诉讼与约谈两种方式的利弊？

5.是否明确社工进行完善生育保护立法倡导的方向？

6.是否知悉制订为怀孕女职工赋权方案的注意事项？

（二）鼓励学生实践

1.访谈受到排挤的怀孕女职工。

2.做完善生育保护立法倡导项目方案。

妇女维权

——以退休年龄争议为例

刘明辉

一、本案例教学目标及课前准备

（一）教学目标

分析本案例旨在让学生通过案例折射的立法缺失、境内外类似案例及其意义，掌握退休年龄立法的变革，矫正维权必备的理念和思路，提高维权能力。

（二）课前准备

学生在课前需要搜集相关法律法规及政策规定以及学术论文，了解境内外类似案例及其意义，思考退休年龄争议的症结和对策。

> 1.《国务院关于安置老弱病残干部的暂行办法》和《国务院关于工人退休、退职的暂行办法》（国发〔1978〕104号）规定：党政机关、群众团体、企业、事业单位的干部，符合下列条件之一的，都可以退休：男年满六十周岁，女年满五十五周岁，参加革命工作年限满十年的。全民所有制企业、事业单位和党政机关、群众团体的工人，符合下列条件之一的，应当退休：男年满六十周岁、女年满五十周岁，连续工龄满十年的。
>
> 2.《劳动部关于贯彻执行〈中华人民共和国劳动法〉若干问题的意见》（劳部发〔1995〕309号）第75条规定：用人单位全部职工实行劳动合同制度后，职工在用人单位内由转制前的原工人岗位转为原干部（技术）岗位或由原干部（技术）岗位转为原工人岗位，其退休年龄和条件，按现岗位国家规定执行。

3.《关于机关事业单位县处级女干部和具有高级职称的女性专业技术人员退休年龄问题的通知》（组通字〔2015〕14号）

正、副处级女干部，年满六十周岁退休。如本人申请，可以在年满五十五周岁时自愿退休。

4.《国家经济贸易委员会、人事部、劳动和社会保障部关于深化国有企业内部人事、劳动、分配制度改革的意见》（国经贸企改〔2001〕230号）

……

（二）取消企业行政级别。企业不再套用政府机关的行政级别，不再比照国家机关公务员确定管理人员的行政级别。打破“干部”和“工人”的界限，变身份管理为岗位管理。在管理岗位工作的即为管理人员。岗位发生变动后，其收入和其他待遇要按照新的岗位相应调整。

（三）实行管理人员竞聘上岗。管理人员是指企业内部担任各级行政领导职务的人员、各职能管理机构的工作人员以及各生产经营单位中专职从事管理工作的人员……

5.《中华人民共和国劳动合同法》（2007年出台，2012年修正）

第四十四条第（二）项　有下列情形之一的，劳动合同终止：

……

（二）劳动者开始依法享受基本养老保险待遇的；

……

6.《中华人民共和国劳动合同法实施条例》（国务院令第535号）

第二十一条　劳动者达到法定退休年龄的，劳动合同终止。

二、案例分析

（一）案情简介

党女士自2002年起在某影业公司做出纳。2009年签订了1年期限的劳动合同，约定岗位为行政人员。2012年10月，某影业公司擅自取消了她的考勤及工作岗位，强迫党女士申请退休。

2013年7月，党女士向北京市丰台区劳动争议仲裁委员会申请仲裁，请求裁决某影业公司恢复她的行政岗位，继续履行劳动合同；补发2012年12月至2014年3月的工资差额52800元等。

某影业公司辩称：根据党女士的人事档案其为工人身份，根据北京市人力资源和社会保障局的京人社养发〔2011〕第49号文，退休核准要以劳动者的原始档案为准。本公司公示的《劳动合同管理规定》第二条规定：公司内部具有管理人员管理权限的部门负责人以上的岗位为管理岗，其他岗位为非管理岗。党女士的岗位是非管理岗位，党女士的实际工作内容是一般行政辅助工作，其非干部身份，也不是管理岗位。因此，根据《中华人民共和国劳动合同法实施条例》第二十一条之规定，劳动者达到法定退休年龄的，劳动合同终止，应当办理退休手续。据此，2014年5月4日，丰台区仲裁委裁决驳回了党女士的仲裁请求。

党女士不服裁决，于2014年5月起诉至北京市丰台区人民法院，重申仲裁请求。该法院经审理认为：党女士的档案材料中未体现其干部身份，《劳动合同管理规定》中明确约定党女士的岗位性质为非管理岗位，且党女士与某影业公司均认可其工人身份，法院不持异议。根据《国务院关于工人退休、退职的暂行办法》第一条之规定，2012年10月20日，党女士满50周岁，达到法定退休年龄，故其要求某影业公司继续履行劳动合同、补发工资差额、岗位津贴、福利待遇等诉讼请求，没有法律依据，法院不予支持。因此，丰台区人民法院于2015年10月判决：驳回党女士的诉讼请求。

党女士不服一审判决，上诉至北京市第二中级人民法院，请求撤销原审判决，依法改判支持其全部诉讼请求。二审法院经审理查明：2010年6月11日，党女士与某影业公司最后一次续签劳动合同，约定："第一条：本合同期限经双方协商一致，为无固定期限劳动合同，自2010年1月1日起。第二条：党女士的工作区域或地点为办公室。第三条：党女士根据某影业公司工作需要，担任行政人员岗位工作。"

《劳动部关于贯彻执行〈中华人民共和国劳动法〉若干问题的意见》（劳部发（〔1995〕309号）第75条规定："用人单位全部职工实行劳动合同制度后，职工在用人单位内由转制前的原工人岗位转为原干部（技术）岗位或由原干部（技术）岗位转为原工人岗位，其退休年龄和条件，按现岗位国家规定执行。"

进入某影业公司工作后，党女士先后担任出纳及办公室行政人员，如此岗位难以与"工人"身份及岗位相匹配。因此，某影业公司以党女士为工人身份，应当在50岁达到法定退休年龄，事实依据不足。本院不予支持。女职工法定退休年龄，应当按照其退休前的岗位确定。

某影业公司与党女士所签劳动合同不存在法定终止的情形，至本案二审庭审结束，党女士尚未达到女职工法定退休年龄的最后时点，双方劳动合同应当继续履行。至于工作岗位问题，不属于法院劳动争议裁判事项，双方依约履行。

故判决撤销原判，某影业投资有限公司与党女士之间的劳动合同继续履行；驳回党女士的其他诉讼请求［见（2015）二中民终字第12803号］。

（二）争议焦点

1.党女士的退休年龄是50岁还是55岁？

目前判断女职工退休年龄，不再按照干部、工人的身份来确定，而是按照管理岗与非管理岗的岗位区别来判断。以退休前最后一份劳动合同签订的岗位和工作职责为标准，管理岗位和专业技术岗位55岁达到法定退休年龄，非管理岗位50岁达到法定退休年龄。

因为党女士的劳动合同约定其岗位是管理岗，所以她应当于55岁退休。

2.管理岗如何界定？

《国家经济贸易委员会、人事部、劳动和社会保障部关于深化国有企业内部人事、劳动、分配制度改革的意见》(国经贸企改〔2001〕230号)规定："管理人员是指企业内部担任各级行政领导职务的人员、各职能管理机构的工作人员以及各生产经营单位中专职从事管理工作的人员。"

3.在党女士50周岁时双方劳动合同是否终止？

根据《中华人民共和国劳动合同法》第四十四条之规定，劳动者开始依法享受基本养老保险待遇的，劳动合同终止。而《中华人民共和国劳动合同法实施条例》第二十一条为："劳动者达到法定退休年龄的，劳动合同终止。"下位阶法降低了人权保障标准，与上位阶法相抵触的规定应当无效。

因此，最高人民法院民一庭针对山东省高级人民法院《关于达到或者超过法定退休年龄的劳动者（含农民工）与用人单位之间劳动关系终止确定标准问题的答复》指出："对于达到或者超过法定退休年龄的劳动者（含农民工）与用人单位之间劳动合同关系的终止，应当以劳动者是否享受养老保险待遇或者领取退休金为标准。"

三、案例使用说明

（一）案例所覆盖的知识点

1.退休年龄中的性别差异的性质是一种就业性别歧视。

2.就业性别歧视的认定标准。

3.按照干部、工人的身份来确定退休年龄的弊端。

4.退休年龄制度的变革所体现的进步与缺失。

5.社工进行变革退休年龄立法倡导的方向。

6.社工为“被退休”女职工提供服务的注意事项。

（二）能力训练

1.情景模拟不同岗位者退休意愿的差异

练习换位思考，领会经济基础决定上层建筑的规则，排除简单化“一刀切”和替代性思维方式。

2.会运用“若非因性别会得到与异性相同的对待”的检测准则，透过现象看本质

透过立法照顾女性的初衷及部分女职工抗争的现象，探讨立法的滞后性理念及其导致性别与身份歧视的本质。透过用人单位拥有调岗自主权的表象，探索其恶意调岗背后的歧视性因素。

3.转变思维方式和传统观念，制订退休年龄变革方案

需要转变的思维方式和传统观念：给女性贴上“弱势群体”标签，无视个体差异、意愿和需求，均给予父爱般的特殊照顾。既然被照顾，就应当感恩戴德乐于接受。这在体力劳动日益减少、女性的平均预期寿命高于男性4岁以上的当代，违背了多数女性的意愿。仅笔者受理的投诉已超过千人。因此需要制订新的退休年龄变革方案。

建议将“退休年龄”改为“领取养老金的年龄”，再根据不同岗位分别设置“领取养老金的最低年龄”，而不再按照“干部”和“工人”的身份划分。根据自然人对未捆绑义务的权利可以放弃的基本法理，兼顾不同岗位男女职工的需求与利益期待差异，尊重其在满足工龄或缴费年限的前提下选择提前退休的权利，设置适度弹性退休年龄制度。

4. 情景模拟游说立法者

学生游说立法者使其认识到以“赋权”两性取代“照顾”女性是法治文明进步的标志之一，试图让立法者接受你制订的退休年龄变革方案。

（三）教学重点和难点

1. 教学重点

退休年龄制度的变革所体现的进步与缺失。退休年龄制度中的性别差异对女性、男性的歧视性后果，善意的制度性歧视的危害性、思想根源和改革方案。社工为受害人提供咨询等服务时，不仅需要告知具体的政策和案例，而且需要提示女职工面临“被退休”时不要接受恶意调岗，否则维权会败诉。

2. 教学难点

本案一波三折，可见退休年龄争议的裁判结果因人而异。这影响法制的统一与司法的公正，应当引导学生分析其根源，学会透过现象看本质。

根源之一是现行退休年龄制度严重滞后于改革开放以来人事管理制度发生剧变后的现实需求，其对女性特殊照顾的立法理念与赋权女性、尊重其选择权的理念相悖。

根源之二是立法尚无“管理岗位与非管理岗位”定义。主管部门答复：在实践中管人可成为管理岗，管事也可称为管理岗，主要由用人单位和劳动者在劳动合同中对于劳动者从事岗位是否具有管理性质进行约定。这就相当于授权用人单位决定女职工的退休年龄，因而出现用人单位通过调岗来迫使女职工提前5年退休的一种新动向。

四、延伸阅读

（一）退休年龄新规

2015年2月16日，中共中央组织部和人力资源与社会保障部联合发布了《关于机关事业单位县处级女干部和具有高级职称的女性专业技术人员退休年龄问题的通知》（组通字〔2015〕14号）规定：正、副处级女干部，年满六十周岁退休。如本人申请，可以在年满五十五周岁时自愿退休。

（二）退休年龄新规的影响

“组通字〔2015〕14号”文实施后，终结了副处级与副高职称于55岁“被退休”的历史。但此规定被批评仅惠及体制内的“精英女”。

针对退休年龄新规，2015年9月，陈超凡抽取北京市某区10个乡镇街道以及区一级的科级及以下女干部作为调查对象进行一对一的问卷调查，发放并收回243份问卷，试图了解科级及以下女干部对于我国退休年龄“新规”的态度。

统计分析结果显示：科级及以下女干部认为“新规”是一种进步的占83.3%；同时认为“新规”使女干部群体内部产生新的歧视的占38.9%；认为“新规”没赋予男性选择权是对男性的歧视的占18.0%。有41.8%的科级及以下女干部认为“新规”让她们55周岁退休会影响平等就业权的实现。有35.6%的科级及以下女干部认为强制她们55周岁退休会导致经济权受损。有31%的科级及以下女干部认为强制她们55周岁退休会影响她们的晋升并且会造成她们的人力资源浪费。有18.4%的科级及以下女干部从个人价值实现角度而言，希望能够选择60周岁退休。另有18.8%的科级及以下女干部从满足社交需求并更好适应退休后生活而言，也希望能够选择60周岁退休。

她们基于平等权，希望立法赋予自己从55周岁至60周岁期间任何1年申请退休的选择权，占比为43%；加上“比男性早5年退休使收入会减少”因素，占比升为51.8%；再加上“晋升受到影响并且造成女干部人力资源浪费”的因素，占比升为52.7%。

因为“新规”仅赋予处级及以上女干部和副高级职称及以上女性专业技术人员60周岁退休的权利，将科级及以下女干部排除在外，导致同样是女干部的科级及以下女干部只能55周岁退休，其中想要继续工作、在为社会做贡献的同时实现人生价值的科级及以下女干部感到不公平。尤其是乡镇等基层干部，晋升为副处级的机会稀缺，男性多工作5年，即使同样未获得晋升，也可以工作到60周岁。

这种仅因性别而受到排斥，运用国际通行的“若非因性别会得到与异性相同的对待”的检测准则，女性若非因性别不会如此被区别对待，完全符合国际通行的性别歧视的构成要件。

在困难企业工作的职工，在职工资低于养老金，男性则羡慕女性能早于他们5—10年领取养老金。尤其是已经失业的接近60岁的男性，往往自筹资金缴纳单位与个人负担的全部社会保险费甚至债台高筑，在这种情况下的男性便遭遇了就业性别歧视。

“新规”忽视了男职工提前退休的意愿；忽视了要求与男性同龄退休的主力军为50岁“被退休”且未转干的专业技术人员，将小学教师、未获得中教一级职称的中学教师等女性专业技术人员和科级及以下女干部排除在有权申请与男性同龄退休的范围之外，在女性群体内人为地构成新的歧视。

（三）男性提起的与退休年龄相关的性别歧视诉讼

英国的道格拉斯·巴伯诉“皇家护卫交易担保集团”领取补充养老金性别歧视案，原告最终获得欧盟法院的支持。

参加皇家护卫交易担保集团养老金计划的员工，达到领取养老金的规定年龄时即可获得一份即时养老金。年满40岁，在该集团工作10年以上的员工，在终止雇佣关系后，达到领取养老金的规定年龄时，可获得一份延迟支付的养老金。皇家护卫交易担保集团的离职条款为巴伯先生雇佣合同的一部分，该条款规定，在裁员之时，参加公司养老金计划的男性年满55岁、女性年满50岁，均可获得一份即时养老金。不符合上述条件的员工离职时，可以根据工作年限获得一定数量的现金，以及一份延迟支付的养老金，达到领取养老金规定年龄时可以领取。

1980年12月30日，52岁的巴伯先生被裁员，根据离职条款，皇家护卫交易担保集团给他支付了一定的现金、法定的裁员补贴与额外补偿金，他可以从62岁生日那天起领取退休养老金。如果是女职工，像巴伯这种情况，则可以领取即时养老金与法定的裁员补贴，两者的总数比巴伯先生所得的差额较大。巴伯先生认为自己是性别歧视的受害者，因此向劳工关系法庭提出诉讼。一审和二审时，他的请求都被驳回，他随之上诉至英国上诉法院。上诉法院决定暂停审理，请求欧盟法院就本案所讼争的焦点作出先行裁决。

1990年5月17日，欧盟法院裁决：由补充养老金计划所获得的收益，也属于《欧洲经济共同体条约》第一百一十九条中“报酬”的概念范围。第一百一十九条禁止任何形式的男女报酬歧视，就算是制度引起的不平等也不允许。因此，补充养老金计划所支付的养老金，根据不同性别要求不同的领取年龄，是违背第一百一十九条规定的，尽管在全国性的法定养老金计划中也存在着类似的男性与女性领取养老金年龄差异。在强制性裁员之时，针对不同的性别适用不同的退休年龄待遇，男性职工只有到达领取养老金的年龄才能获得延迟性养老金，而同等情况下的女性职工却可以立刻获得养老金，在全国性的法定养老金计划中同样存在类似情形，这种做法违背了《欧洲经济共同体条约》第一百一十九条的规定。男女同酬原则应该体现在报酬的每一个方面，而不仅仅是作为给付报酬时综合考虑的基础性因素。被裁员的男性职工也和同等情况下的女职工一样，可以获得即时养老金（斯林·肖克韦勒等人，1990）。

本案虽然作为男女同工同酬的经典案例，但同时也可以说明退休年龄中的性别差异与经济利益相关，男性也可能作为性别歧视的原告。

（四）思考题

1.在不同情境下的退休意愿会有哪些不同？

2.如何走出从照顾女性出发却导致部分单位强制女性早退休而损害其权益的悖论怪圈？

3.男性是否也可能是退休年龄性别差异的受害人？

4.社工如何进行退休年龄变革的立法倡导？

5.如何避免新规出现新的性别歧视？

6.社工对退休年龄性别差异的受害人能提供哪些帮助？

五、案例教学后的讨论和反思

（一）案例教学的监测和评估指标

1.学生是否通过案例强化了以下认知：

（1）以“赋权”两性取代“照顾”女性是法治文明进步的标志之一。

（2）退休年龄规定的变革历程、趋势以及社工倡导退休年龄变革的方向。

（3）退休年龄规定中隐含就业性别歧视和身份歧视因素。

2.学生是否通过案例提升了以下能力：

（1）能辨析善意的制度性的性别歧视。

（2）能分析退休年龄争议及其同案异判的根源，学会透过现象看本质。

（3）能为当事人提供维权途径咨询、转介等服务。

（4）能为受害人制订赋权方案并有效实施。

（二）鼓励学生实践

1.访谈退休年龄争议的当事人。

2.做修改退休年龄立法倡导项目方案。

妇女维权

——以职场性骚扰为例

刘明辉

一、本案例教学目标及课前准备

（一）教学目标

分析本案例旨在让学生通过案例折射的立法缺失、境内外类似案例及其意义，掌握禁止性骚扰的规定，明晰维权必备的理念和思路，提高维权能力。

（二）课前准备

学生在课前需要搜集相关法律法规及政策规定以及学术论文，了解境内外职场性骚扰案例及其意义、防治性骚扰立法的缺失及其影响。

1.《中华人民共和国妇女权益保障法》（1992年出台，2005年、2018年修正）

第四十条 禁止对妇女实施性骚扰。受害妇女有权向单位和有关机关投诉。

第五十八条 违反本法规定，对妇女实施性骚扰或者家庭暴力，构成违反治安管理行为的，受害人可以提请公安机关对违法行为人依法给予行政处罚，也可以依法向人民法院提起民事诉讼。

2.《女职工劳动保护特别规定》（【2012】国务院令第619号）

第十一条 在劳动场所，用人单位应当预防和制止对女职工的性骚扰。

3.地方妇女权益保障法配套法规中的职场性骚扰条款

4.地方女职工劳动保护特别规定配套法规、规章

二、案例分析

（一）案情简介

2005年8月8日，重庆巴南区南湖小学女教师文某向区法院递交诉状，状告长期对她性骚扰的校长胡某，案由是“侵犯人格尊严权”。巴南区人民法院在开庭审理时将案由变更为“其他人身权纠纷”。文某在诉状中称，自其1999年8月大学毕业到重庆巴南区南湖小学任教以来，被告就经常利用其校长身份，借工作之名要求其单独到办公室，以言语、行为及发送大量内容为淫秽之词的手机短信对其进行骚扰。严重干扰了原告的正常生活，影响了原告的夫妻感情，使原告患上了神经衰弱，侵犯了原告的人格尊严。要求法院判令被告胡某向原告赔礼道歉，赔偿精神损害费1万元，并承担所有的诉讼费用。

文某向法庭递交了5组证据：

第1组：文某保存的胡某从2005年5月3日至2005年6月20日发给她的19条手机短信拟证明被告对她性骚扰的事实，包括：（1）好犒陪吃陪睡呀；（2）我来陪你吧；（3）我最喜欢的人是你；（4）蚊子在哪好想你；（5）好想好想把你视作红颜知己你却总是拒之门外！（6）我需要你；（7）不能让你动情是俺今生最大的悲哀！（8）别误会，你娃信都不回，没意思呢；（9）我很自卑，因为不能使你动情；（10）好吧，好想吻吻你！好吗？

第2组：重庆医科大学门诊病历、医药发票、重庆巴南区第二人民医院门诊病历、医药发票。拟证明被告的性骚扰行为导致原告患神经衰弱，精神痛苦。

第3组：证人张某某、文某某出庭作证：曾听原告说自己受到被告的性骚扰，很反感被告的行为。被告的行为造成原告精神痛苦，夫妻感情也受到影响。

第4组：专家意见书，认为胡某对文某的行为符合性骚扰的基本特征，是一起典型的性骚扰案件。拟证明被告侵犯了原告的人格尊严，被告的行为构成性骚扰。

第5组：原告丈夫要求与原告离婚的起诉状。拟证明被告的行为导致原告与丈夫的夫妻感情受到影响。

被告胡某辩称：原告称我利用校长身份长期以语言和行为进行性骚扰不属实。我与原告相互之间都有信息来往，原告发给我的信息都表明她很乐意接受我的信息。原告向法庭提供的19条信息是原告自己编辑而成的。在今年的7月之前原告从未说过我对她有骚扰行为。我没有侵犯原告的人格尊严和与性有关的精神状态愉悦的权利。原告是否患病及夫妻感情不和与我无关。原告起诉的动机是因为工作调动未获批准而对被告进行的恶意报复。要求驳回原告的诉讼请求。

被告也向法院提交了短信证据——原告于2005年6月1日至6月21日向被告发送的手机短信80余条，内容主要有：（1）言简意赅，你的需要让我很满足；（2）老兄，你很出色，让人崇拜，我是以你为典范向前进的……

文某认为，被告向法庭提交的短信记录是经过删节的。

重庆巴南区人民法院认为，根据被告提交的80余条短信通信记录以及原告提交的19条短信记录认定：原被告双方互有短信来往，文某对胡某发来的信息并非“严词拒绝”，而是认可的。据此，该法院于2006年2月7日以证据不足为由判决驳回原告的诉讼请求。原告向重庆市第一中级人民法院提起上诉。2006年9月18日第一中级人民法院做出终审判决：性骚扰是一种以侵犯他人人格尊严权为特征的民事侵权行为，它以不受欢迎的与性有关的语言、信息、行为环境等方式侵犯他人的人格权。从本案双方发送信息的行为来看，是双向的、互动的；从发送信息的内容看，文某并未反感和拒绝。故文某上诉请求缺乏充分事实依据，法院不予支持。故判决驳回上诉，维持原判。

（二）争议焦点

本案的争议焦点是文某对胡校长性挑逗的态度是暧昧还是反感和拒绝。

原告提交的短信显示出不愿意接受被告示爱而被告继续表白；被告则辩称“原告发给我的信息都表明她很乐意接受我的信息”。影响法官做出判断的最主要的证据是被告发的“我需要你”。原告随即回复：“老兄呀，我哪次写申请不就形式上过一下而已，下期你还是会在你办公室对面瞧见我的，哈哈哈”“言简意赅，你的需要让我很满足”。结合上下文具体语境，可以推断令文某“很满足”的“需要”是指工作上的需要，她感到“很满足”的是领导的挽留蕴含着员工在单位的价值得到了肯定。

从原告后期发的短信可见其为了调动不得不敷衍的苦衷：“我想你最清楚问题出在哪个身上，我们都是聪明人，麻烦老兄叫虞主任把章给我盖了，为调动我是一直努力的，帮了我，我们还是朋友”“我反复在看你以往发给我的信息，我真的还以为我们之间可以做朋友，如真的因此不能调走，我确实不知自己还会不会理智。这次和上次交申请不一样了”。校长对员工的控制，尤其是不允许员工调动的特权足可以威胁、迫使文某这个小学教师在他的性骚扰行为面前长期敢怒而不敢言。

本案的两审法官均未深入考量文某在权力关系下为了调动工作而不能明确拒绝的背景和苦衷而判她败诉，一方面说明法官需要接受性别意识和性骚扰专题培训，另一方面启示受害人应当充分认识到对性骚扰者明确表示反感和拒绝的重要性。

三、案例使用说明

（一）案例所覆盖的知识点

1.职场性骚扰的构成要件

职场性骚扰，是指发生在招聘或工作场所的，对方不愿意接受的，以语言、电子信息、音像资料、肢体接触等方式表达的，具有性意味的民事侵权行为。须兼具以下要件：（1）发生在招聘或工作场所，包括出差和单位组织出游的交通工具中和目的地、商务聚餐地点、接受服务客户的家中等延伸的场所；（2）加害人有性意味的言行；（3）对方不愿意接受这种言行而不论加害人是否出于性骚扰的故意。

2.职场性骚扰的特殊性

不论是交换型性骚扰，即用人单位的管理者对员工或求职者以明示或暗示的具有性含义的言词或动作，作为劳动关系或聘用关系的建立、存续，劳动条件的改善、岗位职级与工资的提升等交换条件；还是敌意环境型性骚扰，即一方以不合理方式干涉员工的工作表现，或者故意在工作场所让员工处于一种粗暴无礼的、令人觉得不安甚至被胁迫、被敌视的工作环境中，与其他场所性骚扰的损害后果相比，职场性骚扰都更严重。因为拒绝性骚扰的员工往往被因此调岗、降薪甚至辞退，受害人也往往被迫辞职。职场性骚扰不仅令员工的健康受损，而且侵犯了员工的人身权、平等就业权和劳动安全卫生权，进而危及部分劳动者及其抚养人的生存权。

本案原告急于调动，在权力关系中处于弱势方不得不敷衍强势的校长这一特殊情境，决定了部分短信貌似态度暧昧。这是本案法官本应重视的一个特殊情况，在一个教师申请调离受到校长刁难的情况下，很难断然拒绝校长的“示爱”。应当理解受害人的难处，包括要保住饭碗、担心受到报复等因素，会使受害人不敢“严词拒绝”。

3. 证据的收集与保全

根据《中华人民共和国民事诉讼法》的规定，当事人因客观原因不能自行收集的证据，可申请人民法院调查收集。本案的原告曾向法院提出调查取证申请，但中国联通重庆巴南分公司根据《中华人民共和国宪法》和《中华人民共和国电信条例》关于除具有侦查权的国家安全机关、公安机关、检察机关在办理刑事案件时需要依法检查通信外，任何组织或者个人不得以任何理由对电信（通信）内容进行检查的规定，以侵犯公民的通信自由和通信秘密为由不配合导致取证不能。一审法院曾多次拒绝原告文某调取被告胡校长发的手机短信记录的申请，直至6个月后这些短信永久性消失；而法院却依被告申请调取了文某发给胡校长的80余条短信记录，导致双方的短信不匹配。

本案发生期间尚无智能手机能留下双方的短信记录，在法庭上未能实现信息匹配，因而出现了阴差阳错的误解。被告认为“原告向法庭提供的19条信息是原告自己编辑而成的”，法院应当建议被告申请专门机构鉴定这些短信是否有编辑的痕迹。

对于手机短信、微信、微博、邮件等电子信息，需要及时固定并进行证据保全，即到公证处做公证。如果证据不足，还可以录音录像。即使在录制前未经对方同意，也可以作为证据使用。

4. 防重于治的理念

在北京某日资公司曾发生女员工申某因不堪忍受上司性骚扰而患重度抑郁症，在会议室服40多片安眠药自杀的事件，虽经抢救脱险，但她至今无法正常工作。首例性骚扰胜诉案的贵阳的原告王某，在遭受上司性骚扰4年之后患了精神分裂症。西安的小雨（化名）因遭受上司性骚扰而患创伤后应激障碍、抑郁自闭，反复洗手、锁门每日达5次以上，还因此患有颞下颌关节紊乱综合征，无法外出与人交往。这些不可逆的损害后果凸显预防的重要性。

5. 雇主责任

国际经验证明，雇主是最有能力防止性骚扰事件发生的，即使发生后也能较快地寻求适当的解决方式，在诉讼后也是最有能力给予被害人补偿者。基于防重于治的理念所做的防治性骚扰机制建设及宣传到位，是雇主免责的前提。

6. 防治职场性骚扰立法的缺失

（1）国家立法无职场性骚扰定义，这导致司法、行政执法和人力资源管理缺乏认定职场性骚扰的法定标准。

（2）国家立法只保护女性不受性骚扰，仅《深圳经济特区性别平等促进条例》（2012年）不分性别地保护所有人不受性骚扰。

（3）无惩罚性赔偿责任。在美国威克斯诉贝克和麦坚时律师事务所（Weeks *v.* Baker and McKenzie）案中，旧金山的一家法院判决雇主给一位女秘书690万美元的惩罚性赔偿。因为她的老板——律师事务所的合伙人之一曾经对她进行了性骚扰，尽管她仅为他工作25天。原告称：她的老板在把巧克力豆放在她的衬衣口袋里时，趁机抓她的乳房，并伸手戳她臀部，逼她与他身体贴在一起。而且，陪审团发现，该律师事务所知道这位合伙人的性骚扰倾向，在该事件发生前4年中，至少有7位女雇员曾遭受此人性骚扰。而该所没有采取任何措施阻止这种行为。美国雇主对此类性骚扰事件承担替代责任，中国学术界的主流意见是用人单位在未履行防治职场性骚扰法定义务的情况下，对本单位雇员提起的“性骚扰损害赔偿责任纠纷”之诉承担连带赔偿责任。

假如我国也有此类惩罚性赔偿责任，则对性骚扰实施者及其单位均会产生震慑作用，对受害人提起诉讼也是一种激励。

7. 案由的变更

自2019年1月1日起，按照《最高人民法院关于增加民事案件案由的通知》（法〔2018〕344号），法院立案由“一般人格权纠纷”变更为“性骚扰损害赔偿责任纠纷”。

（二）能力训练

1. 思路拓展训练——用足现行法

教师引导学生不仅会用明确规定禁止性骚扰的国家法律、法规和地方的配套法规、规章，而且会用其他相关法律规定。

（1）《中华人民共和国民法总则》（2017年）第三条规定：民事主体的人身权利、财产权利以及其他合法权益受法律保护，任何组织或者个人不得侵犯。

（2）《中华人民共和国侵权责任法》（2009年）第二条第一款规定：侵害民事权益，应当依照本法承担侵权责任。并列举了权利类型。其中的健康权、名誉权、隐私权等诉求经常出现于性骚扰案件中。依据该法第十五条关于承担侵权责任方式的规定，性骚扰原告有权请求法院判令被告“停止侵害”“赔礼道歉”“消除影响、恢复名誉”以及“赔偿损失”。

（3）《中华人民共和国治安管理处罚法》（2012年）第四十二条规定：多次发送淫秽、侮辱、恐吓或者其他信息干扰他人正常生活，偷窥、偷拍、窃听、散布他人隐私，公然侮辱他人或者捏造事实诽谤他人的，公安机关处五日以下拘留或者五百元以下罚款；情节较重的，处五日以上十日以下拘留，可以并处五百元以下罚款。

（4）在性骚扰这种民事侵权行为演变为性犯罪的情况下，则适用《中华人民共和国刑法》，按照强制猥亵他人罪、强奸罪追究刑事责任。

2. 为性骚扰受害人提供服务的相关素养训练

（1）认知职场性骚扰的特殊性及其更严重的损害后果，受害人需要专业社工介入。

（2）为性骚扰受害人释明诉讼的压力，列举多种维权方式由当事人选择。从国内的判例来看，不论原告胜负均付出了较高代价。不仅举证难而且风险高、胜诉难而且赔偿少，并且会受到报复，承受“女人是祸水”“无风不起浪”“苍蝇不叮无缝蛋”之类归咎于受害人的偏见所形成的舆论压力，甚至使家庭成员受牵累。

（3）为性骚扰受害人做心理疏导，听其倾诉，告诉她这不是你的错。

（4）鼓励性骚扰受害人早日站出来维权，因为隐忍的结果会加重自己的心理负担、加重损害后果；加害人则会变本加厉。

（三）教学重点和难点

1. 教学重点

《中华人民共和国劳动法》第六章规定的用人单位负有劳动安全卫生义务，用人单位有义务为员工提供没有性骚扰的工作环境，有义务消除对妇女一切形式的歧视；对法律后果的合理预期有助于用人单位主动采取防治措施。

域外反性骚扰的实践证明，禁止职场性骚扰重在预防，因为只要发生此类事件，受害人不仅身心俱损难以复原，而且往往离职甚至危及生存权，可能出现不可逆的损害后果。而预防的最有效途径是用人单位健全防治职场性骚扰的机制。

2. 教学难点

社工如何帮助职场性骚扰受害人减轻损害后果?

（1）提示受害人遵守考勤等纪律，谨防因旷工被开除。

（2）协助受害人及时搜集并固定证据，不要指望在职的同事作证。

文某在接受访谈时说："胡某最早骚扰我是拉着我的手不放，开开黄色玩笑，碰碰你什么的。后来就发短信，说黄色和下流的话，严重的时候发展到把我按在学校的花坛上到处摸和亲。他对其他一些女老师也有过性骚扰，如摸摸人家的屁股。幼儿园被胡某骚扰过的那几个老师，短信我们都互相看过，经历都共享过。来调查时，这些老师都怕，不敢说实话。因为大家不知道胡某以后会到什么地方工作，是不是会威胁到自己。"如果证人不出庭接受质证，法院通常不采信其证言。受害人可以找离职的同事出庭作证。如果受害人及时向亲友倾诉，请亲友出庭作证，也有可信度。

社工可以引导受害人对性骚扰事件发生的日期、时间、地点和经过进行记录，包括准确的细节，记录说过的话以及做过的事。在平时跟骚扰者接触时可以随时巧妙而隐蔽地利用录音、录像工具，但是，要防止侵犯人身权和商业秘密。要注意保留手机短信、电子邮件等有骚扰信息的电子文档，切忌在原始载体上删除电子信息。注意保存投诉、举报的记录，报案以便获取笔录、加害人的"检查""悔过书"等。

注意：在没有证据的情况下，受害人如果在互联网公开控诉，将涉嫌性骚扰者实名公之于众，就可能会引发名誉权、隐私权侵权诉讼，甚至被控告涉嫌"诬告陷害罪"。

（3）引导受害人认知隐忍、周旋会付出代价。

文某曾回忆："对胡某的骚扰，我采用过各种策略，开始时是躲，但是他还是继续，还是发短信，除了给我还给其他同事。后来我想调走后，因为怕他和我作对，就不敢对他硬了，就采用和他周旋的方法，甚至还和他称兄道弟，尽量不得罪他，希望他能放我一马，让我调走。直到后来忍无可忍了，我就明确拒绝，一直发展到现在。"假如没有长期隐忍，没有"称兄道弟"地周旋，文某的胜诉率将显著提升。

四、延伸阅读

（一）新公约

2019年6月21日，国际劳工组织成立100周年大会聚焦一个以人为中心的未来劳动世界。通过了《暴力和骚扰公约》（第190号）和《暴力和骚扰建议书》（第206号）。《暴力和骚扰公约》承认劳动世界中的暴力和骚扰“会构成侵犯或践踏人权……是对机会均等的威胁，令人无法接受，与体面劳动不符”。

正如国际劳工组织工作条件与平等司司长曼努埃尔·托梅所言：“没有尊重，工作就没有尊严；而没有尊严，就没有社会正义。”

（二）新案由

《最高人民法院关于增加民事案件案由的通知》（法〔2018〕344号）自2019年1月1日起施行，在第九部分“侵权责任纠纷”的“348、教育机构责任纠纷”之后增加一个第三级案由“348之一、性骚扰损害责任纠纷”。

（三）思考题

1. 性骚扰是不是一种对女性的性别歧视?
2. 如何保护性骚扰的男性受害人?
3. 职场性骚扰受害人对性骚扰必须明确说“不”吗?
4. 社工能为职场性骚扰受害人提供哪些帮助?
5. 性骚扰是个人的侵权行为，与用人单位有什么关系?
6. 用人单位应当采取哪些措施防治职场性骚扰?
7. 应当如何完善我国的反性骚扰立法?

五、案例教学后的讨论和反思

（一）案例教学的监测和评估

对于案例教学能否促使教学目标的达成、延伸以及学生的积极参与，课后使用的评估指标，详见下表。

性骚扰案例教学评估表

序号	对知识点及维权思路的理解和把握	是	否	不确定
1	知悉禁止性骚扰的法律法规和公约			
2	掌握了职场性骚扰的认定标准，分清了职场性骚扰与性侵害犯罪的界限			
3	事前预防重于事后制裁			
4	了解职场性骚扰比其他场所性骚扰更严重的危害，认识到心理疏导对于受害人的重要性			
5	不归咎于受害人			
6	掌握了社工为当事人赋权和转介等服务的途径			
7	提升了维权的意识和帮助当事人维权的能力			
8	认识到雇主责任及投诉程序的重要性，明确了社工进行立法倡导的方向			

（二）鼓励学生实践

1.就如何健全防治职场性骚扰机制，做投资者、管理者和员工的访谈。

2.做完善反性骚扰立法倡导项目方案。

家庭教育咨询实务

——抵触学习的少年

周司丽

一、课程基本信息

（一）教学目标

本案例教学旨在帮助学生掌握心理咨询的基本知识和理论，学会运用所学理论分析家庭教育中出现困境的原因，运用心理咨询技能改善家庭关系、提升家庭功能，进而提升学生进行家庭教育指导的能力。

本案例聚焦的教学目标：运用家庭系统、家庭功能、发展心理学等理论分析家庭教育中出现困境的原因，运用心理咨询技能（应对犹豫/不情愿的来访者、提供家庭教育信息等）改善家庭关系、提升家庭功能。

（二）教学主题

《家庭教育咨询实务》课程共分三部分教学主题，第一部分偏向于理论，聚焦于家庭教育咨询的基本态度、伦理和原则，以及家庭功能、家庭系统和家庭结构的概念与评估方法；第二部分偏向于实务，聚焦在家庭教育咨询的实施，聚焦在会谈的过程、技术以及难点的突破；第三部分是特殊案例的讨论（网络成瘾、家庭暴力）。本案例聚焦于第二部分教学主题的实现。

（三）教学内容

1. 了解家庭教育咨询的会谈过程及其技术要点，包括建立信任、确定目标、实施干预、结束。

2. 掌握家庭教育咨询中常用的干预技术，包括为每个人提供支持、一般化技术（正常化）、例外技术、赞美技术、提供家庭教育信息、评量技术等。本案例凸显了为每个人提供支持及提供家庭教育信息的技术。

3. 了解家庭教育咨询中常见的难点及其应对方式，本案例主要针对孩子不配合咨询这一难点。

（四）教学对象

研究生二年级选修《家庭教育咨询实务》的学生，并具备个案工作的基本知识与技术。

二、案例主体

（一）案例背景

案例家庭情况：一家三口，居住于北京市某郊县。儿子15岁，初中二年级；父亲39岁，出租车司机，也做一点生意；母亲38岁，家庭主妇。父亲因为工作原因不常回家，儿子主要和母亲一起生活。

案例家庭来访时间：2013年11月至12月。

案例家庭来访原因：儿子进入初二，学习状况不佳，抵触学习，经常打网络游戏，父母教育也不管用，和父母关系一般，父母担心孩子网络成瘾。希望孩子能够回到认真学习的轨道中。

（二）干预过程

该家庭一共进行了六次咨询，前两次的工作重点在于与家庭建立关系，特别是孩子；第三次至第五次面谈主要对家庭实施了干预；最后一次是总结成果，彼此告别。

第一次咨询时，一家三口到达咨询室，咨询师首先与三位家庭成员进行了简单的会面，互相进行了自我介绍。咨询师征求父母意见，首先需要一些时间单独与孩子沟通，从孩子的视角了解他的情况。父母表示同意。于是，咨询师请父母到咨询室外等候，单独与孩子面谈，并约定稍后再请父母回到咨询室讨论后续的安排。父母离开后，孩子表现得极不配合谈话。例如，咨询师询问：“你觉得你爸爸妈妈为什么带你来咨询呢？”孩子拖着长音回答：“不～知～道～”咨询师又询问："你有什么想和我谈的吗？"孩子又拖着长音回答："没～有～"接下来咨询师又询问了几个问题，如"你觉得你学习怎么样？"孩子都是拖着长音回答，要么回答"没～有～"，要么回答"不～知～道"。从孩子的反应来看，孩子对咨询很抵触，也不愿意向咨询师袒露内心。

接下来，咨询师转换了工作思路，询问孩子你平时喜欢做一些什么。孩子这次突然回答了，说喜欢打游戏，咨询师顺着这个话题往下谈，询问他打什么游戏，孩子改变了刚才的态度，说自己玩"英雄联盟"，并询问咨询师是否玩这个游戏。咨询师回答自己不玩，并邀请孩子介绍一下这个游戏，孩子很配合、津津有味地介绍起这个游戏。但当咨询师将话题转移到游戏对学习的影响这个话题上时，孩子又退回到之前的状态，把自己封闭起来，以"没～有～""不～知～道"的方式作答。咨询师以及时化和自我暴露的方式加以应对："我说什么，你都说不知道或没有，让我压力好大，都不知道该说些什么了。既然都花时间来了，我们就聊聊看。"接下来，咨询师决定暂时不和孩子谈学习，和孩子谈谈人际交往方面的内容。当咨询师问到孩子在学校有什么朋友的时候，他突然有点得意地说自己的人缘还行，全年级的学生基本都认识自己。咨询师问到年级有多少人，孩子回答有三百多人，很多人和自己的关系都不错。咨询师及时肯定了孩子的独特性和交往能力。孩子得到肯定后，感到对咨询师的抵抗与敌对略微减弱。

之后，咨询师请父母进入咨询室，孩子在咨询室外等待。父母讲述了孩子之前学习还可以，但近期和老师发生矛盾，不爱学习，而且已经持续一段时间经常打游戏。父母还发现孩子半夜起来偷偷打游戏的事情。父母担心孩子沉迷于游戏，荒废了学业。咨询师与父母达成的咨询目标是一起合作，解决孩子抵触学习的问题，帮助孩子回到学习轨道。之后咨询师邀请孩子再次进入咨询室，一家三口面谈时，咨询师观察到孩子不怎么说话，敌对情绪也不太强，表现得更"乖"。与刚才经常拖着长声说"没～有～""不～知～道"不同，父母在场时，更经常以"嗯"或点头做回应。父亲表现得更为批判，母亲表现得更为担忧。全家达成一致，每周见面一次，前半段咨询师与孩子单独沟通，后半段与家长单独沟通。

第二次会面开始时，孩子的抵抗反应仍旧比较重，对咨询师提出的问题还是经常以"没～有～""不～知～道"的方式回答。咨询师决定继续加强与孩子的联结，找到突破点让孩子喜欢并认同咨询师。孩子仍旧表现出对游戏很感兴趣，咨询师继续和他探讨游戏的话题，孩子讲到自己可以背出故事中一百多个角色分别是什么，每个角色的优势与劣势。并且对世界比赛和中国比赛的情况侃侃而谈。咨询师立即肯定了来访者的记忆力以及对这个游戏的深入了解。之后，咨询师询问孩子是怎样获得这些信息的，孩子回答一方面会自己查资料，另一方面还会跟一些游戏玩家（基本都比他大，有一些已经工作）沟通，从他们那里学习。咨询师立刻又肯定了孩子深入探究的能力。接下来，咨询师还询问孩子和游戏中的其他朋友沟通的情况，孩子回答还会和其他玩家聊他们的工作，了解他们的日常工作与生活。之后孩子谈到了游戏的版权公司腾讯，咨询师恰好也为腾讯公司提供服务，为了找到与孩子的联结点，提到自己经常到腾讯工作，孩子突然露出惊喜、羡慕的神情，询问了咨询师为什么去腾讯公司，腾讯公司是什么样子等问题。咨询师解答后明显感到孩子对咨询师的认同度和喜爱度得到了提升。

与父母会面时，父亲主要抱怨孩子只顾玩，不顾学习；母亲对孩子总体上是肯定的，认为孩子孝顺，指出父亲不经常回家，一回家就骂孩子的问题。咨询师对家庭关系和动力进行了进一步的观察。另外，孩子妈妈特别指出了孩子与教师之间的矛盾。

第三次至第五次面谈是咨询师展开干预的重要时期。从第三次开始，明显感受到孩子的配合，咨询师这次将话题转移到与学习相关的问题，孩子显然更乐意谈了。在与孩子的交流中，咨询师主要做了以下三项工作：第一，找到孩子探讨抵触学习的原因。咨询师和孩子逐一回顾了每门课程的学习情况，发现孩子抵触学习主要表现在四门课上，分别是英语、物理、历史和生物，其中对英语和物理课的抵触最为严重。经由沟通，发现孩子与这两门课的授课教师均起了冲突，心中很不痛快。抵触历史和生物课主要是因为不擅长于记忆，不喜欢记忆。第二，咨询师帮助孩子以新的视角看待学习以及与教师的冲突。在咨询中，咨询师发现这个孩子渴望称赞且性格较为固执。孩子说在物理和英语课上，只要老师一开口讲课自己的大脑就一片空白。咨询师询问了之前的学习状况，发现他并非如此。之后揭示出孩子是在用让大脑空白和不听课的方式与教师对抗。咨询师向孩子指出这是一种非常“笨”的处理方式——用伤害自己的方法惩罚别人，还不一定惩罚得到。帮助孩子看到抵触老师和抵触学习是两回事，他仍旧可以不赞同老师的做法，但需要好好学习知识保护和发展自己。孩子想明白这一点后，在接下来的几周内孩子自己和家长均反馈抵触情绪下降，可以听得进去课程了。另外，针对生物与历史，孩子评价自己不擅长记忆。咨询师质疑了这一点，指出孩子可以非常娴熟地记忆游戏中的一百多个角色的名称、擅长点与不足，并请他将自己的记忆表现与其他同学或游戏玩家进行了对比，发现他的记忆能力明显优于他人，是完全有可能完成记忆任务的。第三，咨询师与孩子一起探讨职业世界，了解了学习与未来发展的关系。只有让孩子知道现在所学的价值时，才更有意愿去学。咨询师和来访者探讨了现在的学习与未来发展之间的各种可能的联系。比如，他想参加英雄联盟的世界比赛，需要用到英文；他想参加比赛，需要成功考入大学，参加英雄联盟的社团，组队去比赛。现在学习的学科知识在未来的生活和工作中不一定用得到，但是解决学习问题的能力可以应用到以后的生活和工作中。通过探讨，孩子更能认同学习的价值和意义。

对于父母和家庭，咨询师也主要进行了三项工作：第一，帮助父母认识到喜欢玩游戏不等于游戏成瘾，让父母看到孩子玩游戏不是无目的地瞎玩，而是玩出了精彩：培养了深入的探究能力、良好的团队合作能力，建立了丰富的人际关系。因此，可以给予孩子适当的空间玩游戏，认同玩游戏的价值。第二，帮助父母认识到孩子正处于青春叛逆期，抵触情绪很多，父母的称赞和认同对孩子的自信及“男性”身份的建立有很积极的作用。父亲经常不回家，一回家就指责孩子的生活模式不健康，容易导致孩子与父亲疏远，表面乖、实则抵抗、愤怒，不利于孩子健康成长。父亲需要以更积极的眼光看待孩子，对孩子的积极面给予认可，而不是一味指责。第三，加强夫妻之间的积极关系，为孩子成长营造良好氛围。随着咨询进展，父母之间的关系问题也逐渐显露。最开始妈妈表达的是孩子的学习问题，后来表达出自己内心更深层的感受：自己觉得孩子还是不错的，可是丈夫回来就各种指责孩子不好，同时指责自己没有管好孩子，自己内心很委屈，潸然泪下。妈妈对爸爸的这种怨恨也强化了孩子与父亲之间的敌对关系。咨询师帮助爸爸看到妈妈带孩子的辛苦以及孩子的优秀之处，并请爸爸转换视角，想象自己每次和一个人见面获得的都是指责会有什么感受。爸爸在思考中点头，认同自己的沟通方式需要调整。在咨询过程中，爸爸同意增加回家的时间，并调整表达方式。在咨询的过程中，咨询师也注意肯定了爸爸为家庭的劳动付出、辛苦与不易。

（三）干预效果

经过前五次的咨询，孩子的学习状况明显好转，敌对和抵抗情绪下降，能够回归到正常的学习中，家庭氛围更为缓和。第五周和第六周之间，孩子在学校完成了阶段考试。考试后，在第六周咨询时，咨询师与孩子对考试进行了回顾，制作了成绩对比图表。除一门课程成绩只有微弱提升外，其他课程均有显著提升。值得说明的是，孩子坦白在历史考试中有两道题看了其他同学的答案，因此，进行考试成绩对比时，应该把那两道题的"水分"去掉。可见，孩子对咨询师非常信任。咨询师也借机建议考试还是要依靠自己的能力和实力。即使如此，孩子的成绩仍旧显著提升。在与全家会谈时，家长也认同孩子的学习状况得到了显著的改善，玩游戏也更能自己安排与控制。孩子也反馈自己不会再头脑空白，能够学得进去。于是咨询师与全家讨论了结束咨询的议题，全家也表示同意。

后续对该案例追踪时，这个男孩的妈妈表示孩子的学习状态不错。五年后（2018年），孩子妈妈报告孩子考上了北京市某高校，对高考结果表示满意。

三、案例使用说明

（一）教学与训练

本案例呈现了家庭教育咨询的过程，建立信任、确定目标、实施干预、结束四个阶段。覆盖了掌握家庭教育咨询中常用的干预技术，包括为每个人提供支持、一般化技术（正常化）、例外技术、赞美技术和提供心理教育信息。另外，本案例也呈现出了家庭教育咨询中常见的一个难点及其应对方式，即孩子不配合咨询的应对与处理。

（二）思考题

1.你认为孩子是网络成瘾吗？

2.你认为孩子为什么不愿意配合咨询，你会怎么应对？

3.你认为孩子的学业问题为什么会成为家庭面对的一个困境？

4.你认为干预的要点和方式有哪些？

（三）讨论与分析

1.网络游戏成瘾的诊断标准

网络游戏成瘾的诊断标准于2013年被写入《精神疾病诊断与统计手册》（第5

版）（DSM-5）。该诊断标准提出在过去12个月中，持续、反复地使用网络游戏，导致临床显著的损害或困扰，达到以下项目中的5项者为游戏成瘾：

（1）全神贯注于网络游戏（回想以前的游戏，或期望另一个游戏，网络游戏成为日常生活主要活动）；

（2）当不能玩游戏时出现戒断症状（通常表现为易激惹，焦虑和悲伤，但没有药物戒断的躯体症状）；

（3）耐受性——需要不断增加玩游戏的时间；

（4）试图控制自己玩网络游戏但不成功；

（5）除网络游戏外，失去以前的兴趣爱好或人际互动；

（6）尽管知道自己的问题仍然沉迷网络游戏；

（7）对家人或其他有关的人撒谎玩游戏的时间和费用；

（8）用玩网络游戏来避免或缓解不良情绪（如无聊，内疚，焦虑）；

（9）因为玩网络游戏损害或丧失了重要的人际关系和工作，或失去教育与就业的机会。

参考此标准，该来访少年并未出现以上各条标准中的症状，其问题应该界定为成长过程中的发展性议题。

2.对抗拒的来访者的应对方法

（1）持续表达耐心与关心：

①坚持向来访者表达真诚的关心、关注、尊重。

②给来访者足够的时间允许沉默。

（2）对来访者的抗拒行为进行描述，帮助他意识到自己的抗拒行为。例如："你看起来非常愤怒。你愤怒是因为你并不想来咨询，可你的父母根本不考虑你的感受，偏要带你来。"

（3）建议既然来了可以试试看，如果不愿继续进行，有权利提出终止。可以随时终止。

（4）探索不同的话题，试着发现来访者感兴趣的话题。

（5）咨询师适当的自我暴露。例如："我说什么，你都说不知道，让我压力好大，都不知道该说一些什么了。"

（6）找到可以肯定的方面。

当这个孩子抗拒与不配合时，可以尝试采用以上各种方式加以应对，找到突破口，与孩子建立信任、合作的关系。

3.理解孩子的学习动机

学习动机是指引发与维持学生的学习行为，并使之指向一定学业目标的一种动力倾向。心理学家倾向于从动机产生的来源将动机划分为内部动机和外部动机。学习的内部动机是指学生对学习活动本身产生兴趣，如好奇、喜欢挑战、喜欢独立掌握知识和独立进行判断，它是一种要求了解和理解的需要，要求掌握知识的需要，以及系统地阐述问题并解决问题的需要。学习活动本身就能使这种动机得到满足，学习成功就是一种强化。外部动机是在学习活动以外的，由外部诱因激发出来的动机，如为了得到父母和老师的表扬，避免批评，为了使自己在同学中有更高的威信等。

不同心理学家从不同角度对学习动机进行了阐释，主要包括强化理论、归因理论、需要层次理论、成就动机理论、自我价值理论、自我效能感理论等。总体来说，影响学生学习动机的因素有两类：一类是个体因素，一类是环境因素。在个体因素方面，研究表明，内部动机与学生的自我效能、自信、自尊，对自己学习能力的看法有关。内部动机强的学生对自己的能力较自信，学习成绩更优异。学生的自尊越不稳定或越低，他们对知识的好奇程度、兴趣以及对挑战的兴趣则越低。在归因方式与控制点方面，研究发现如果学生将成功归因于努力这种可控制的因素，他们就会信心百倍，并预期今后会再次获胜；如果将失败归因于像能力这种不可控制的因素，那么，他们就会听任失败，表现冷漠、压抑、自暴自弃或丧失动机。在环境因素方面，研究发现父母鼓励孩子成功、了解孩子教育的过程、介入孩子的教育活动、允许孩子独立作决定，这些权威型育儿风格的特征与儿童的学习的内部动机有显著的关系。而父母的专制型育儿风格容易造成孩子以外部动机面对学习，忽略型育儿风格容易导致孩子缺乏动机。家庭的亲密度越高、矛盾性越低，学习动机越适当，越不容易产生学习困扰。另外，与教师的关系也是影响孩子学习动机的重要因素，研究发现，教师对学生的支持可以正向影响学生的学习投入与学习成绩，特别是对社会中阶层较低的学生来说。

在本案例中，干预孩子的学习动机时，要着重考虑孩子的自尊、自我效能、归因与控制点的个人因素，以及亲子关系、与教师关系、家庭亲密与矛盾对孩子学习动机的影响。

4.建立咨询关系的技术

（1）非语言的专注行为

身体微微前倾；

目光聚焦于讲话人面部；

手与胳膊是开放的姿势；

声音愉悦、坚定、缓和。

（2）反应式倾听

四个要点：

积极投入谈话；

真正从来访者的角度理解问题；

把来访者表达的意思（事实、情绪）用自己的话切题地表达出来；

可以继续就事实或情绪提问。

5.对家庭实施干预的技术

（1）为每位家庭成员提供支持

是指不论对父母还是对孩子，都能够站在中立的立场，支持每个人，从每个人的角度体会他的感受并理解、接纳他。

（2）一般化技术（也称正常化技术）

是指告诉来访者很多人都是这样，但都可以走出来。所遇到的问题是发展过程中常见的、暂时性困境，而不是病态的、变态的、无法控制的灾难。借此使来访者降低恐惧感，这样他们就会更接纳自己的困难，体验到释然与轻松，之前被恐惧和忧虑所占据的心理空间，也更容易被信心、勇气、决心与行动所取代。

（3）赞美技术

支持、鼓励可以支持来访者走更长、更远的路。咨询师可以直接告诉来访者他看到来访者身上的积极方面。可以赞美的方面：

行动方面	是有勇气的、冒险的、鼓励他人的行动等
努力方面	是有挑战性的、有计划的、有决心的努力等
承诺方面	是忠诚的、尽力的、奉献的行动等
态度方面	是宽容的、接纳的、弹性的态度等
想法方面	是有创意的、正向的、理性的、敏感的、有洞察力的等
愿望方面	是现实的、健康的等
决定方面	是有判断力的、考虑周到的等
特质方面	是成熟的、机灵的、睿智的、合作的、善解人意的等

6.提供教育信息

青少年阶段，孩子除了自身需要增强对自我的理解，学习应对困难的方法，还需要整个家庭的配合，为其提供良好的成长环境。因此，家庭教育咨询中通常会设置与孩子单独沟通及与父母单独沟通的环节。在与孩子和父母单独沟通时，提供教育性信息是很有必要的。

（1）对父母（本案例）

①解释何为网络成瘾（见前文）。

②介绍青少年心理发展特点。

a.开始从不同角度看待自己，对自身的不同方面做出不同评价。自我概念不仅包含自己对自己的看法，也包含了他人的观点。

b.处于同一性混乱阶段，寻求自己的独特性和同一性。

c.对自主性要求提高。

d.在同伴间寻求归属，但自己的自信增长后，对同伴和成人的顺应都有所下降。

③讲解青少年时期的亲子关系特点及其应对方式。

青少年越来越多地寻求自主，需要独立和自己面对生活的控制感。父母对青少年的行为会感到生气和困惑，原来接受父母判断和指导的孩子开始对父母的世界观产生怀疑，甚至进行反抗。之前，父母和孩子的关系是不对等的，父母拥有的权力和影响力更大，然后在青春期末期，权力和影响力会变得平衡。青春期早期的好争辩和过分自信可能最初导致冲突的增长，但这些特质在亲子关系的发展变化中，会通过很多方式扮演重要的角色。虽然父母面对孩子带来的挑战时，最初可能会以防御性的方式进行回应，但是会逐渐变得不那么灵活和僵化，在大多数情形下，父母最终会认识到孩子正在长大，并且愿意在孩子长大的过程中给予支持。当父母开始意识到孩子的观点通常很有说服力，也不是那么不合理，而且事实上可以信任子女并给予他们更多的自由时，他们变得更容易被说服，可能会允许甚至最终鼓励孩子的独立性。当这个过程出现在青春期中期时，青春期早期的好斗性就会下降。

（2）对孩子（本案例）

著名的冲突管理“托马斯—基尔曼”模型中包含五种处理冲突的模式：用“竞争”方式处理冲突时，双方各站在自己的利益上思考问题，各不相让，一定要分出个胜负、是非曲直来。这种竞争方式的特征是：正面冲突，直接发生争论、争吵或其他形式的对抗；冲突双方在冲突中都寻找自我利益而不考虑对他人的影响；竞争的双方都试图以牺牲他人的利益为代价来达到自己的目的，为了争赢而不顾冲突带来的后果。

和竞争方式相反的是“退让”，是指在冲突发生时只考虑对方的要求和利益，不考虑或牺牲自己的要求和利益，把对方利益放在自己的利益之上，其行为特点为高度合作，不进攻，愿意牺牲自己的目标使对方达到目标，尽管自己有不同意见，但还是支持他人的意见，为了维护相互的关系，一方愿意做出自我牺牲。

“回避”是冲突的双方既不采取合作也不采取进攻行为，“你不找我，我不找你”，双方回避这件事情。回避方式的特征是双方意识到冲突的存在，却试图忽略冲突，都不采取任何行动，不发生正面对抗。

还有一种处理方式是“妥协”，冲突双方都有做出让步。俗话说：“你让三分，我让三分。”双方都让出一部分要求和利益，但同时又保存一部分要求和利益。其特点是没有明显的赢家和输家，他们愿意共同承担冲突问题，并接受一种双方都达不到彻底满足的解决方案，所以妥协有一个明显的特点就是双方都倾向于放弃一些东西。冲突双方的基本目标能达成，相互之间的关系也能维持良好，冲突能得到暂时解决，也有可能留下了下一次冲突的隐患。

“合作”方式是冲突双方既考虑和维护自己的要求和利益，又充分考虑和维护对方的利益，并能最终达成共识。合作方式的特点是冲突双方相互尊重与信任，对于自己和他人的利益都给予高度关注，冲突双方坦率沟通，澄清差异，并致力于寻找双赢的解决办法。合作的方式能使冲突得到完全消除。

对于青少年而言，经常用“叛逆”（类似竞争）的方式处理与教师、同伴的冲突。要教学生学会合作以及适当妥协的方式处理冲突。

探讨学习对个人发展的意义：从事任何工作都需要两种知识和技能，一种是专业知识和技能，另一种是通用知识和技能。专业知识和技能是与某个特定领域相关的技能。例如，汽车维修师需要掌握电路连接的技能；音乐指挥家需要具备识谱的技能。专业知识和技能需要通过专业学习获得。通用知识和技能，也叫可迁移知识和技能，是人们在不同的职业情境中都有可能用到的知识和技能；是在某种环境下获得的，但可以有效运用到其他情境中的知识和技能。常见的可迁移知识和技能包括五类：组织管理、沟通表达、问题解决、学习和人际关系管理。在学校中学习的知识可以有效提高学生的专业知识和技能以及通用知识和技能。

四、案例使用要点

在使用该案例时，教师可以将基本背景信息提供给学生，并请学生对他们感兴趣的方面加以提问。之后教师提供思考题，可以请学生以小组为单位查阅资料并进行研讨，研讨结束后，报告他们查阅资料及研讨的结果。

教师在点评学生报告的基础上，也要告诉学生自己的工作思路，让学生看到教师如何从专业的角度完成该家庭教育咨询案例，从中获得学习体会。

使用该案例时，结合家庭教育咨询的特点，学生自主学习与研讨是重要学习途径之一，教师树立的模仿的榜样也是重要学习途径之一。在教学时需要注意二者结合起来，不能仅着重于学生自主学习，也不能仅着重于教师的讲解和示范。

五、教学计划及建议

（一）教学计划

本案例可以有效地使用在两个教学点上：一个是“家庭教育咨询中常用技术”的“提供家庭教育信息”部分；另一个是“家庭教育咨询难点处理”中“如何应对犹豫/不情愿的来访者？”部分。

（二）教辅手段或工具

一般多媒体教学工具，本案例也可以用于课堂模拟练习。

（三）教学监测和评估

教师在请学生组成小组进行学习时，形成案例研究的书面及口头报告，借由书面及口头案例报告的充实程度和深入程度作为评估案例教学监测与评估的方法之一。

另外，在全部案例教学完成后，教师可以请学生以口头或书面的方式分享该案例教学的收获，亦可以作为另一种检测与评估的方法。

此外，教师还可以将常用技术，列成里克特五点评分的形式，让学生在案例学习前后分别对自己的技术掌握情况进行评估。

（四）延展建议

本课程后面的部分会有专门的讨论如何处理网络成瘾的问题。该案例可以用作学生鉴别孩子是否存在网络成瘾的备选案例。

参考文献

［1］《打造熟人社区要以“公共文化”为基》，载《无锡日报》2016年。

［2］重庆市大渡口区人民政府网：http://www.ddk.gov.cn/html/zfxxgk/zfjg/bmdw/jdbsc_zrmzf/chljd/gzdt/15/03/53986.html.

［3］内蒙古自治区人民政府网：http://www.nmg.gov.cn/quq/mzrk/201506/t20150615_398102.html.

［4］《玉树州2018年国民经济和社会发展统计公报》，玉树州统计局，2019年。

［5］中华人民共和国国家统计局：http://data.stats.gov.cn/easyquery.htm?cn=E0103.

［6］秦美珠：《社会性别与发展的形成、特征及思考》，载《中华女子学院山东分院学报》2010年第5期，第1—5页。

［7］杨静、陆德全主编《在地人形：本土农村社区组织工作探索》，中国社会出版社2013年版，第97页。

［8］刘伯红：《社会性别主流化的概念和特点》，载《现代妇女》2011年第1期，第75页。

［9］邱亚君、梁名洋、许娇：《中国女性休闲体育行为限制因素的质性研究——基于社会性别理论的视角》，载《体育科学》2012年第8期，第26页。

［10］李小云、林志斌：《性别与发展理论评述》，载《社会学研究》1993年第9期。

［11］康艺之：《肃省农村经济增长中的妇女地位和作用问题研究》，甘肃农业大学，2006年。

［12］王真：《从街头到网络：赋权理论视角下的女性权利倡导》，华东理工大学，2014年。

［13］《讨论法与说课稿》，百度文库。

［14］杨静：《参与式与社会性别培训》，载《长沙民政职业技术学院学报》2002年第4期，第21—24页。

［15］谢琪楠：《加拿大之育婴假与津贴发放制度》，载《政大劳动学报》2006年第20期。

［16］刘明辉：《对立法进行性别影响评估的实践——以对〈生育保险办法（征求意见稿）〉的评估为例》，载《中华女子学院学报》2013年第3期。

［17］王国华、金明花：《日本女性活跃促进法的出台背景、内容及其影响》，载《中华女子学院学报》2016年第5期。

［18］何霞：《瑞典消除就业性别歧视立法与实施机制研究》，载刘小楠主编《反歧视评论》第4辑，法律出版社2017年版，第81页。

［19］Due Slynn Schockweiler，Zuleeg Mancini Joliét，O'Higgins Moitinho de Almeida，Rodríguez Iglesias Grévisse，Diez de Velasco等法官于1990年5月17日在卢森堡公开审理时所发表的意见书。*Douglas Harvey Barber v. Guardian Royal Exchange Assurance Group*（C–262/88，［1990］IRLR 240），http://europa.eu.int/eurlex/lex/LexUriServ/LexUriServ.do?uri=CELEX:61988J0262:EN:HTML. 2013年2月20日阅览，胡小进翻译。

［20］*Weeks v.Baker and McKenzie*，1998 Cal. LEXIS 5722（Cal.1998）.

［21］美国精神医学学会：《精神障碍诊断与统计手册dsm–5案头参考书》（第5版），张道龙译，北京大学医学出版社2014年版。

［22］罗伯特·费尔德曼：《人的毕生发展》（第6版），苏彦捷、邹丹等译，世界图书出版社2013年版。

［23］许维素：《焦点解决短期心理咨询》，载《张老师文化》1998年。

［24］奥昆：《如何有效地助人——会谈与咨询的技术》，高申春等译，高等教育出版社2009年版。

［25］Elizabeth Reynolds Welfel，Lewis E. Patterson：《心理咨询的过程——多元理论取向的整合探索》，高申春等译，高等教育出版社2009年版。